おはようございます
GOAL!
START
アウ
フォー
ペラ ペラ

おはようございます
GOAL!
START
フォー

驚くほど声がよくなる！

瞬間声トレ

著 司拓也
絵 伊豆見香苗

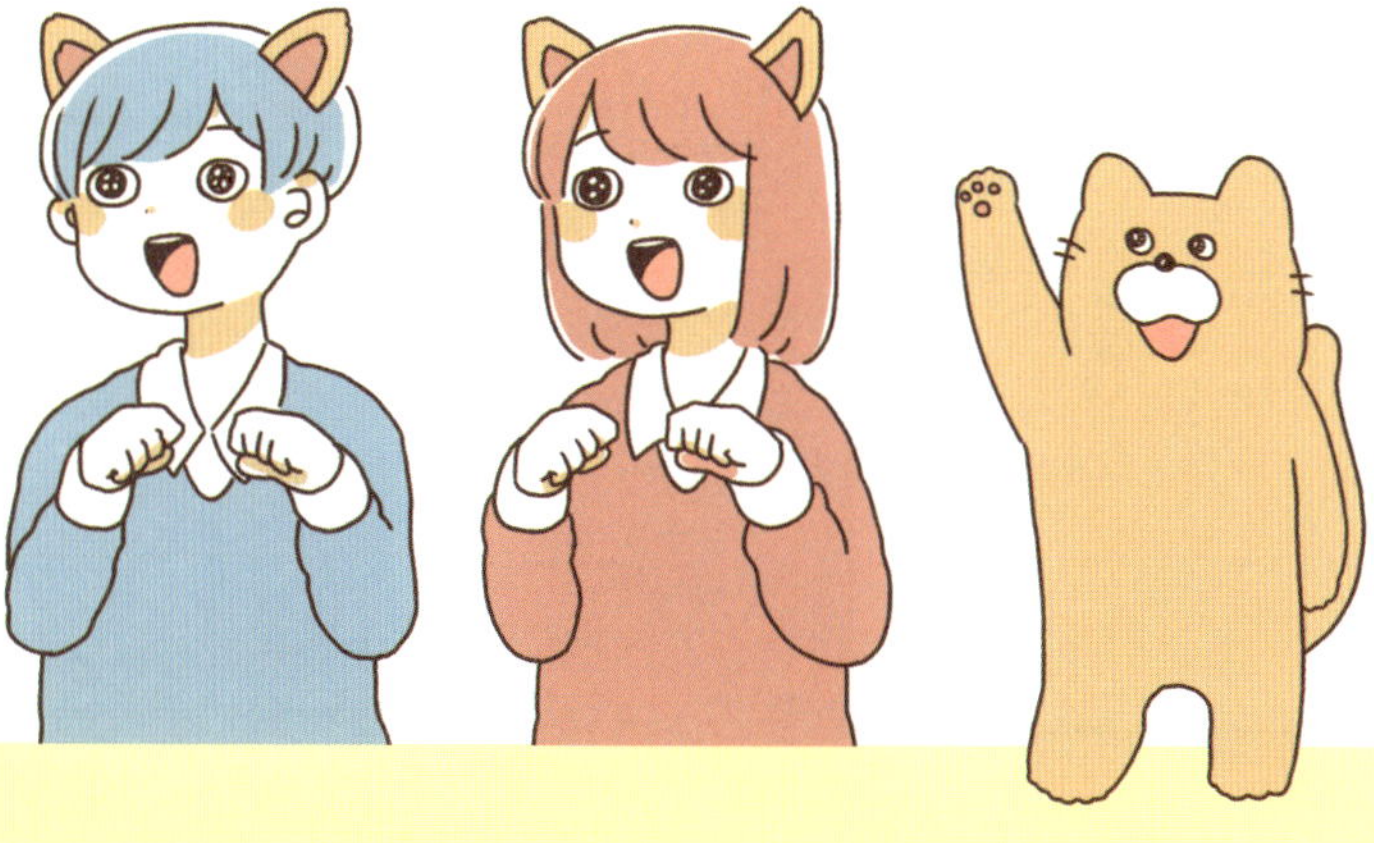

大和書房

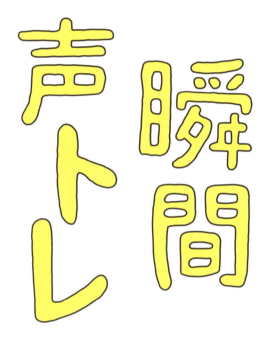

〝ささやき司君〟
と呼ばれ…
声が小さく
人前で話すのが怖い
声が小さい
グサ
グサ
自信がない
ストレス
グサ
仕事も
私生活も
うまく
いかない日々…
しかし
ボイトレ後…
あ――っ
声が格段に
大きくなり、
キラ
キラ
ペラ
スラ
ペラ
ペラペラ
自信！
やる気！
情熱！までも
芽生える！
ペラ
ペラ
ペラ
スラ
ペラ

私は30代まで保険会社に勤務していました
あ…あの…えと…あ…
何で??
あがり症で、声も小さく、
声小さすぎ!
すみません…あ…あ…す
お客様に聞き返されることもしばしば…
子どもの頃から声が小さく自信もなく…
今さらどうやっても無理だよな…
ズーーーン…
そんなとき…
お?
ボイストレーニング!
声の悩み!
・声が小さい方!
・自信がない方!
・ストレスがたまっている
ボイトレ…か…
少し気になるかも…
ボイトレ ボイトレ
挑戦

…あれ…！
あー！
意外と楽しいかも…！
いいかんじですよ～
先生
へーっ
ヒドイ！
自分の声ってこんな感じに聞こえるんだ…！
もっと練習しよ！
なんかワクワクしてきたぞ…!?
ニャニャー
あーっ
ボイトレ中
レッスン後ある変化が…!!
ペラ
ペラ
ペラ
ペラ
最近、司さん変わったよね!!
スラ
スラ
そうです！

声が大きくなり、
ペラ
スラ
スラ
ペラ
聞き返されることもなくなりました。
さらに！
自分の意図していることが相手に伝わり、
よし…!!
仕事のミスが激減！
周りからも信頼されるように…！
ボイトレで人生が変わりました！
だからこそ…
たくさんの方の声の悩みを解消してあげたい！
そう思い…現在、話し声のボイストレーナーとして活動しています。

今ではボイトレ界の〝ブラックジャック〟とも呼ばれ…
現役アナウンサーやトップ俳優、経営者から学生、主婦まで…
幅広く5000人以上の方の
声がこもる
あわわ
会話が苦手
滑舌が悪い
声が小さい
ボソ
ボソ
声を変えてきました！

この本には、私が教えてきた大切なメソッドを
全て詰め込んでいます。
間違った練習方法では一生!!
声は大きくなりません!!
大きな口をあけて話す
早口言葉
NO! NO! NO!
いい声を手に入れるカギは…
舌《した》
声帯《せいたい》
お腹《なか》
の
3か所を短期間で繰り返し鍛えてあげることです!

1日たった1分でも効果が出る簡単トレーニングだから
腹ポコ運動（1分）
ふー
舌プル体操（1分）
ニャニャニャ発声（1分）
ニャ
ニャ ニャ ニャ ニャ ニャ ニャ ニャ ニャ ニャ ニャ ニャ
ボイトレが初めての方もそうでない方も全員にオススメ！
オススメ！
レッスンに行かなくても実践できるよう本質だけをシンプルにご紹介します。
これ1冊で「声の悩み」は改善していきますよ！
おやっ！
どよーん

さっそく、悩める男女がいるようですね。
ボソ…
ボソ…
ボソ…
ん？
？
わた
わた
モヤ
モヤ
モヤ
モヤ
かつての自分を見ているよう…
君たち!!
レッツ
ボイトレ!!

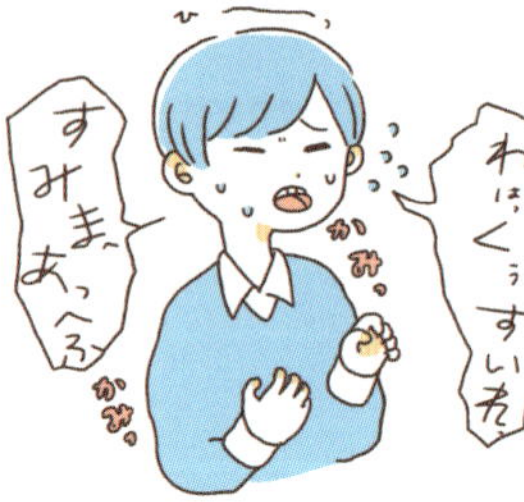

目次

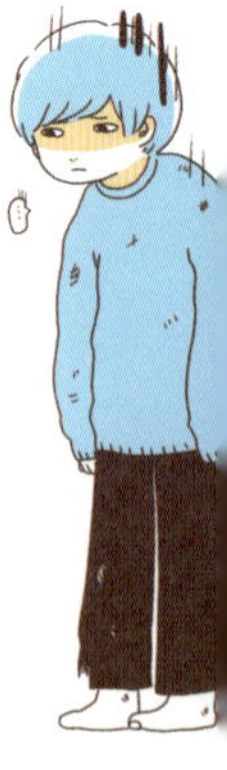

第1章

「いい声」で人生を好転させる

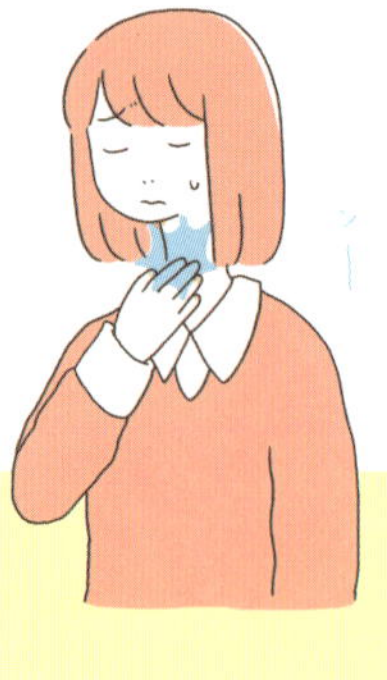

第2章

間違ったボイトレはいますぐやめなさい

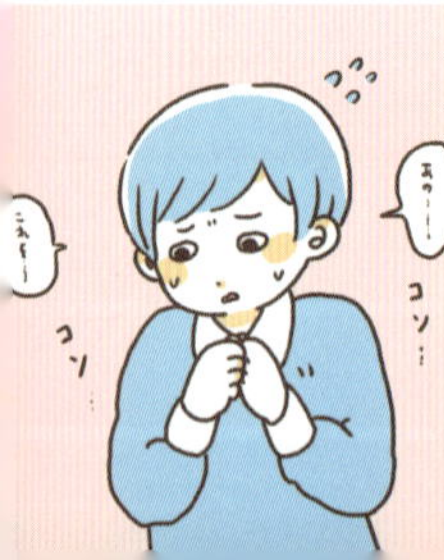

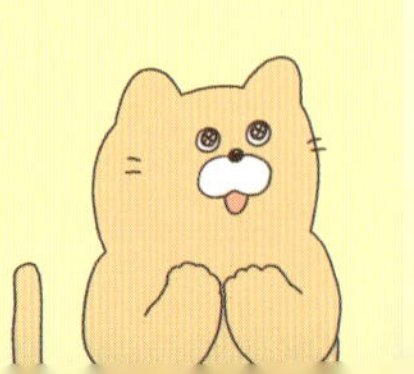

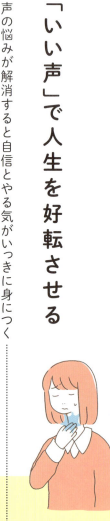

第3章

実践！ 1日3分で効果が出る瞬間声トレ

第4章 悩み別 声の使い方

第5章 声にいい習慣

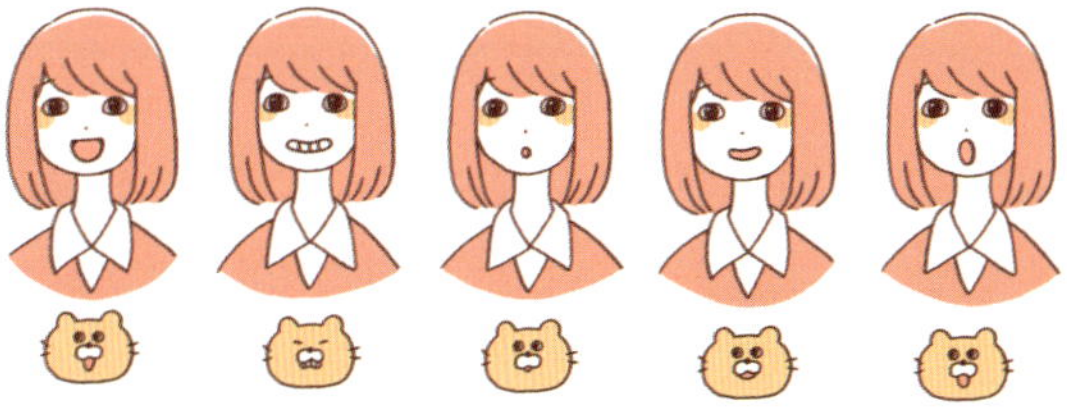

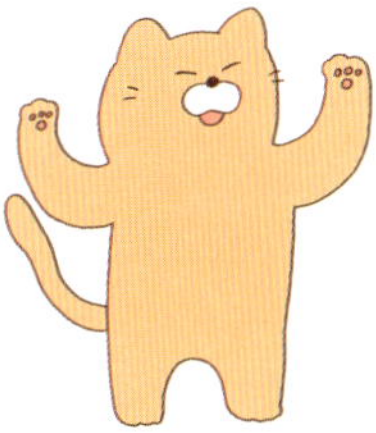

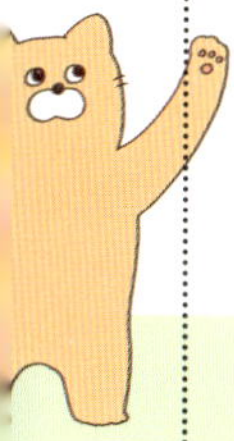

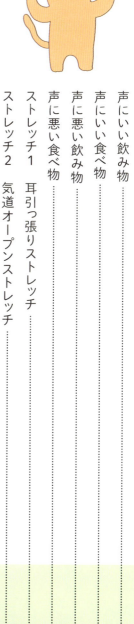

3ステップで声の悩みはなくなる

声が相手に伝わらない大きな理由は3つ。それは、「舌」「お腹」「声帯」がうまく活用できていないからです。

本書は3ステップで、この3つの箇所に的確にアプローチし、声の悩み改善へと導きます。

現役アナウンサー、トップ俳優から会社員、主婦、学生まで5000人以上の声を変えてきた最速で結果を出す方法です。

声がうまく出せない「3大理由」

1 舌

舌の柔軟性がなくなり、かたくなってしまっている。

常に舌が緊張していて、舌が喉の奥に入ってしまっている。

結果、声がこもる、よく噛んでしまう、滑舌が悪い。

2 お腹（横隔膜）

浅い呼吸での生活が日常化して、横隔膜を上手に活用できていない。

結果、声が小さい、喉が痛くなる。

3 声帯

話す機会が極端に少なく声帯の筋肉を、使ってこなかった。

加齢が原因で弱ってきている。

結果、声が通らない、高い声、低い声など音の表現が苦手。

3ステップでできる瞬間声トレとは

たった3分でできる「瞬間声トレ」

瞬間声トレは、1日3分のトレーニングでOKです。

ポイトレで重要なのは、「間違った声の出し方」を修正してあげることです。

今まで使えていなかった身体の箇所を集中的にトレーニングするため、短時間でも十分な効果があります。

2週間ほどで正しい声の出し方が身についていき、声の悩みはどんどん改善されていくでしょう。

本書の瞬間声トレは、プロのアナウンサー、声優など声のプロフェッショナルの方だけでなく、数多くの一般の方々に指導していく中で、どうしたら、力強い声、よく通る声が身につくのかを研究し、必要最

60秒

声のこもりがなくなり、
滑舌もよくなる！

舌プル体操

60秒

喉が開き、
明るく通る声になる!

ニャニャニャ発声

60秒

力強い声を
ラクに出せるようになる!

腹ポコ運動

小限のスキルをまとめ、不要なトレーニングは排除しました。

続けるうちに、か細い声、こもる声、ガラガラ声、滑舌の悪い声など、声のコンプレックスがスッキリ解消していきます。

日常でも手軽にできるトレーニングをおこなうことで、声の通りがよくなり、滑舌よく、大きく、明るい声が自然と出せるようになるのです。

驚くほど声がよくなり、人生まで好転していった生徒さんがたくさんいます。

私もボイストレーニングによって人生が変わった1人です。

あなたも今すぐ始めてみませんか?

一度、正しい声の使い方を身につければ、これからの人生の大きな武器となるでしょう。

こんな人はいますぐボイトレを始めなさい

あなたは声の悩みを何かしら抱えていて本書を手に取ったはずです。より効率的にボイトレするために、あなたの悩みを分析して、「ボイトレチェックシート」にチャレンジしてみてください。

3つのトレーニングをやれば最大の効果が期待できますが、3つの中から自分にあったトレーニングだけをやっていただいてもかまいません。自分の声に何が足りないか、何が必要か、把握しておきましょう。

ボイトレチェックシート

次の質問にあてはまる項目に「〇」をご記入ください。合計点をそれぞれ出してみましょう。

A	〇の数をご記入ください　点数
よく噛むので人からからかわれて嫌だ	
ちゃんと話そうとすると唇や舌に緊張を感じてカクカクした話し方になる	
早口で話すと何を言っているかわからないと言われる	
口を閉じている時に舌が上あご全体についていない	
大声を出していないのに喉がかすれやすい	
サ行、タ行、ラ行が苦手でうまく発音できない	

B	〇の数をご記入ください　点数
声が小さく聞き返される	
何を言っているか聞き取りにくいと言われる	
自分で呼吸が浅いと思う	
腹式呼吸をしようとすると肩が上に上がってしまう	
大声を出すとすぐ喉が痛くなる	
おとなしい、自信なさげとよく言われる	

C	〇の数をご記入ください　点数
声が通らない、こもりやすい	
鼻声っぽい声になってしまう	
声が前に飛んでいかないので、大声を張り上げてしまう	
ざわざわしたお店で注文が通らない	
高い声が出ない	
声の感情表現が苦手だ	

詳しい結果は次のページへ

チェック結果

A の○の個数が多かった方

あなたのタイプは「舌緊張タイプ」です。

→ P021へ

B の○の個数が多かった方

あなたのタイプは「喉声タイプ」です。

→ P022へ

C の○の個数が多かった方

あなたのタイプは「声帯未開発タイプ」です。

→ P023へ

A～C の全てに該当した方

大丈夫です！　どれか1つに偏ることなく、満遍なく全ての症状に当てはまる方も実は、約4割と意外と多いのです。

本書の3つのトレーニングに最初から丁寧に取り組んでみてくださいね。

次のページから順に読んで、それぞれのタイプを把握しておきましょう。

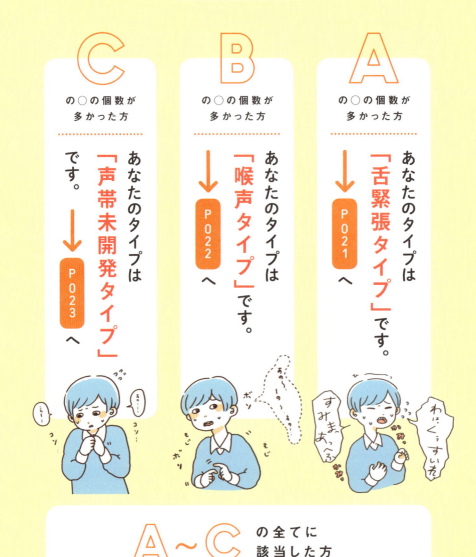

A
の○の個数が
多かった方

あなたのタイプは「舌緊張タイプ」です。

舌の柔軟性と筋力が足りず、滑舌が悪かったり、
喉に負担がかかっています。

でも大丈夫!

「舌の柔軟性」を取り戻せば、滑舌がよくなるし、同時に通る声も出せるようになって、人との会話も楽しくなりますよ!

P 056

とくに **舌プル体操** がオススメ!

このタイプの方に多い症状として、滑舌が悪い、声が上ずる、
息苦しさを感じる、喉が詰まった感じがする、喉がすぐ痛くなる、
呼吸が浅い、などがみられます。

B

の◯の個数が
多かった方

あなたのタイプは「**喉声タイプ**」です。

呼吸が浅く、腹から声が出る感覚がわからず、小さい声しか出せず、
長時間話すと喉に負担がかかってきます。

でも
大丈夫！

お腹から声が出る感覚をつかめば、これからの人生、聞き返されることが格段に減って気持ちよくコミュニケーションを取れるようになりますよ！

P 058

とくに **腹ポコ運動** がオススメ！

このタイプの方に多い症状として声が小さい、ボソボソ声
よく聞き返される、長時間話すと喉が痛くなる、
呼吸が浅い、などがみられます。

C
の〇の個数が
多かった方

あなたのタイプは「**声帯未開発タイプ**」です。

声帯の筋肉の力がやや貧弱で、通る声、大きな声、
高い声、低い声など、自分の出したい声を自在に出すことができず、
声帯に過度の負担がかかっています。

でも
大丈夫!

長年口数が少なかったり、自分にあっていない声の高さで話していて、声帯の筋肉を鍛える機会を失っていただけ。本書のトレーニングで、自分ってこんなにいい声が出るんだ!　という新しい発見をしてみてください。

P 060

とくに **ニャニャニャ発声** がオススメ!

このタイプの方に多い症状として声が通らない、鼻声っぽい声になる、
高い声、低い声など出したい音の表現が苦手、自分にあった声の高さや
低さがわからない、自分の声が嫌い、などがみられます。

第1章

「いい声」で人生を好転させる

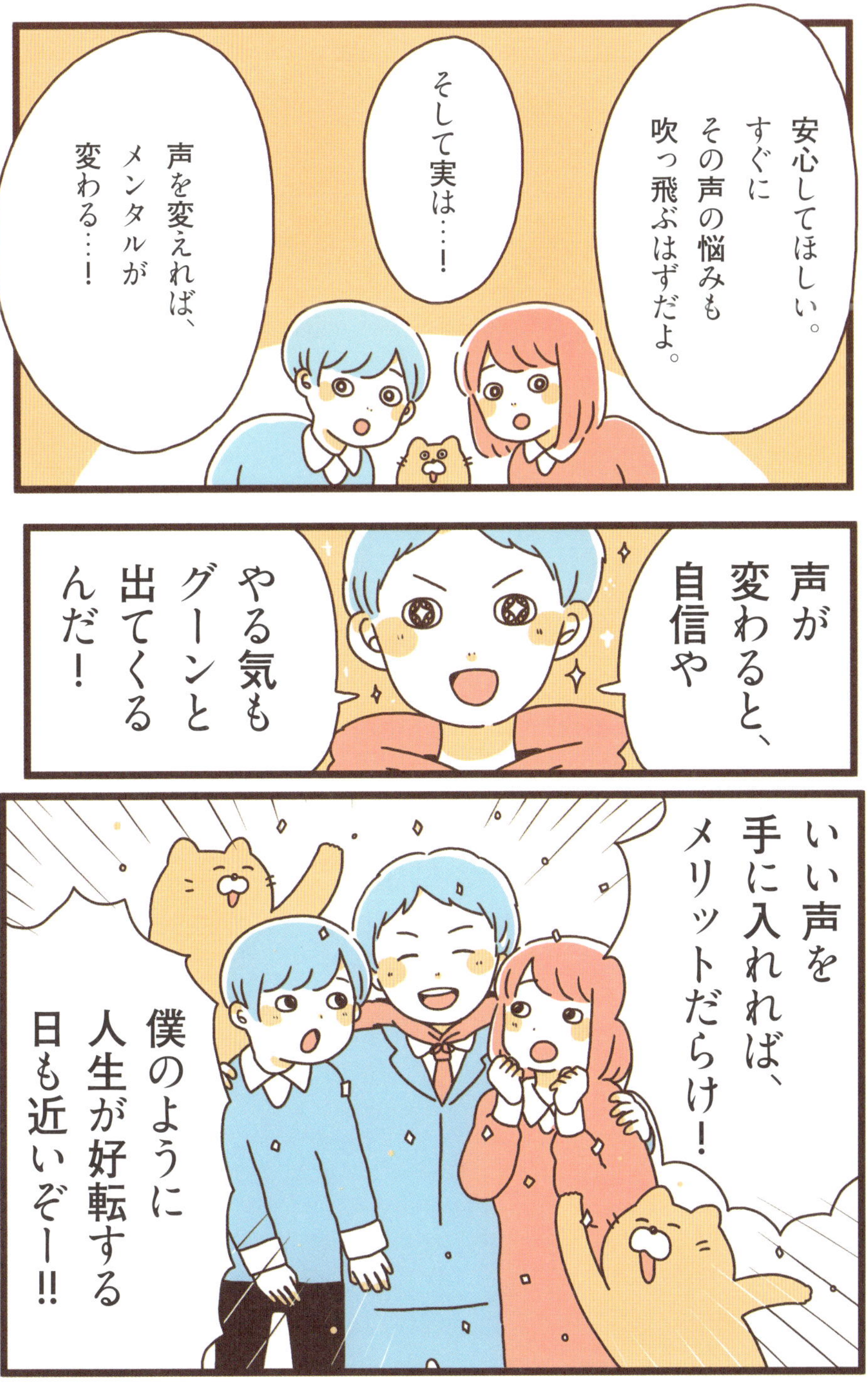
安心してほしい。すぐにその声の悩みも吹っ飛ぶはずだよ。
そして実は…！
声を変えれば、メンタルが変わる…！
声が変わると、自信や
やる気もグーンと出てくるんだ！
いい声を手に入れれば、メリットだらけ！
僕のように人生が好転する日も近いぞー!!

声の悩みが解消すると自信とやる気がいっきに身につく

声を変えれば、おのずとメンタルも
変わっていくんだにゃ〜！

声はその人のエネルギーを表している

声の悩みが解消されて、自分に自信がつき、明るい性格に変わる人を数えきれないほど見てきました。**声はその人が持つエネルギーや自信を如実に表します。**

こもった声や小さい声で話し続けるということは、他人に、「エネルギーのない人」「自信のない人」という自己アピールをしているようなものです。

一方で、いい声で話せるようになると、まず聞き手があなたのことを「エネルギーのある人」「自信のある人」と認知してくれるのです。

多くの人はメンタルを変えて自信を得ようとしますが、それは遠回りです。実際、容易ではありません。

メンタルを変えようとせず、まずは声を変えればいいのです。

人は、いい声で話す人に対しては、話を聞こうという態度を取ってくれます。その態度を見て、あなたの心にも少しずつ、自信が芽生えるのです。声を変えれば、メンタルが変わります。ボイトレを通じて、自分の性格をプラスに導き、やる気や自信を生み出すきっかけにしてください。

ボイトレであがり症がスパッと消える

正しい声の使い方を知ると、
自然と呼吸も安定して、人前での
苦手意識もなくなるんだにゃっ！

あがるのは脳が酸欠状態だからだった

心臓がドキドキ、喉がカラカラ、頭が真っ白などなど、あがり症だからといって諦めてしまうのはもったいないです。

人前であがるのは、脳が酸欠状態になっているからなのです。

心の状態と声と呼吸は全て連動しています。人前に立って緊張した時、あなたの喉はどんな感じになっていますか？

喉が閉まって上ずった感覚になっていませんか。

その感覚を持ったまま話し始めれば、自分の首を自分で締めたまま話すのと同じ感覚で話すことになります。

酸欠状態になって心臓がドキドキ、脳に酸素がいきわたらなくなり頭が真っ白。

そして心の中で、「自分はあがり症だ」と思ってしまうのです。

逆に、**緊張した場面でも、喉を開いた感覚で、楽に声が出せる状態を作ることができると、呼吸が安定し、あがり症がなくなり、プレゼンやスピーチで結果が出せます。**

人前で話すことに対しての苦手意識がなくなりますよ。

「自律神経」が整い、心と身体の不調が消える

ボイトレは、「シャーッ！」と
イライラすることも減り、
健康にもなるんだにゃー！

腹式発声は交感神経の暴走を抑える

ボイトレは、心身を健康に導いてくれます。実際に、レッスンを受講された方からも「風邪を引きにくくなった」「鬱の症状が楽になった」「イライラが減った」という報告を頂いています。**秘密は自律神経。**自律神経は、血流をコントロールする役割を担っています。血流が良くなると、免疫力もアップし身体の調子が整います。

自律神経は、「交感神経」と「副交感神経」に分けられます。

交感神経は、血管を収縮させ、血圧を上げる働きを持っていますが、交感神経が優位になりすぎると、緊張や興奮状態を導きます。副交感神経は、血管を緩ませ、血圧を低下させる働きを持っており、副交感神経が優位に働くとリラックスを導きます。

自律神経は、交感神経と副交感神経のバランスが大切です。現代人は、緊張、不安、怒りなどストレスフルな環境の中で、交感神経優位の生活を送っていて、副交感神経のレベルが下がっている方が非常に多いのです。正しいボイトレは、腹式での発声を繰り返し行います。**腹式での発声は、副交感神経を優位に働かせます。**結果、交感神経の暴走を抑え、自律神経のバランスを整えてくれるのです。

面接では、何を話すかより「どんな声か」で合否が決まる

話の内容は二の次にして、
まずは「いい声」を
手に入れるんだにゃー！

面接官は「声」を最重要視している

スクールには人事の担当者も数多くいらっしゃいます。

その方々に、「面接で学生さんを選ぶ際に、どんな点に注意していますか？」と質問したことがあります。

皆さんに共通する答えがありました。それは、学生さんの「声」でした。

学生さんは、就活面接のマニュアルで対策をし、話す内容を準備してくることが多いそうです。大企業ともなると何千人と面接をしていく中で、皆同じことを話しているように見えてきてしまい、そんな中で最終的に甲乙つけ難い時には、「声にウソがない人」を選ぶとのこと。ベテランの面接官になると、声の調子（音量、スピード、高低、間）から、その人の自信、やる気、誠実さが透けて見え、話す内容と、声の調子に不一致があると、一瞬で違和感を察知できるようになるそうです。

これは面接に限らず、実生活でも同じです。

人は、あなたと話をする時に、話の内容や言葉以上に、声であなたが信頼できるかどうかを判断しているのです。

仕事がデキる人にボイトレは必須のスキル

密かにボイトレを始めて、
「その他大勢」から抜け出すんだにゃ！

欧米ではボイストレーニングは当たり前

欧米では、エグゼクティブや政治家はボイトレをすることが当たり前になっています。声の良し悪しで、仕事の成果や、当選落選が決まるということを知っているからです。一般の人の中でも、ボイストレーナーをつけるのはよくあるとのこと。

最近では、欧米だけの話ではなくなってきました。

私のスクールでも、声の能力をアップさせることで、プレゼンが通る人になりたい。声に自信がない自分を変えて、昇進試験に受かりたい。声を鍛えて、社員を鼓舞するようなスピーチができるようになりたい。社内のコミュニケーションを活発化し、明るい社風を作っていきたい。など、個人事業主の方、チームリーダーや経営者の方々からもトレーニングを依頼されます。

日本では今は、俳優や声優以外の方は、自分の声にあまり注意を払っていないかもしれません。しかし実は、デキる人というのは、密かにボイトレを受けています。

やはり**「声の良し悪しが、印象を決める」**ということを知っているからです。

今すぐに始めれば、まわりのビジネスパーソンから一歩リードできるでしょう。

ボイトレで
心のブレーキを
外し、人生が
好転した人たち

大丈夫。
楽に声を出せるようになると、
話すことへのストレスやトラウマも薄れていくにゃ。

メンタルブロックを取り除く

ボイトレは人生を大きく変える可能性を秘めています。

Aさんの夢は公務員として働くことでしたが、公務員試験に挑戦するも不合格。あがり症と、吃音気味の話し方が原因でした。自信喪失の中、ボイトレを受講。**落ち着きのある通る声をゲットし、自信をつけた彼は、再度、公務員試験に再チャレンジし合格しました。**プレゼンで、すぐ喉が痛くなる悩みを持っていたBさん。ボイトレで、１日話しても平気になり、周りからもアナウンサーみたいにいい声と言われるまでに。**プレゼン企画が次々と通るようになり、実績が認められ、最年少で課長職に昇進しました。**Cさんは、言いたいことを言おうとすると、喉が閉まり、声が出なくなる悩みが。イラストレーターになる夢を持ちつつ、独立して交渉ごとなど自分には無理！　だと感じていました。しかし夢は諦めきれずボイトレに挑戦し、言いたいことが言える声と話し方をゲット。**独立し、夢であるプロイラストレーターの道へ。**順調に仕事をゲットし、今では楽しんで仕事をされています。ボイトレは声がよくなるだけでなく、人生を好転させる大きなきっかけをもたらしてくれるのです。

第2章

間違ったボイトレはいますぐやめなさい

ええ!?
全部
違うの…!?
うそ!?
!!!!

それでは一生
声はよくならない!
早口言葉をくり返す
腹筋を使って話す
大きな口をあけて話す
間違った考え方を今すぐ
捨ててしまおう!

間違ったボイトレでは喉を痛めるだけ

ちまたで広がるボイトレには誤解があります。

例えば、早口言葉を毎日練習しないと滑舌がよくならない。口を大きく開ければ開けるほど大きな声が出る。腹筋運動をして鍛えないと腹式発声はできない。

などなど色々な説があります。

全てが間違いとは言えませんが、中には誤解を与える表現があるのも事実です。

レッスンにいらっしゃる人の中には、**間違ったボイトレを行った結果、通る声が出ないばかりか、喉に緊張の癖がついてしまって、声を出しづらくなったという人が意外に多いのです。**

テレビ番組の企画などで、早口言葉を何度も何

度も練習させたり、あお向けに寝て足を10㎝ほどあげて声を出すトレーニングを見たことがあるかもしれませんが、**常に身体に緊張を抱え込みやすい現代人には向いていない発声法**なのです。

私が教える瞬間声トレで、無駄な力や緊張を解いて発声できるようになります。

私自身、整体のトレーナーとしても活動している中で、身体の力みは発声にとって有害なものだと分かりました。**発声の際、身体に力を入れたり、力みが生じてしまうと、筋肉が緊張して、さらに声が出なくなります。**今、大きい声が出ない、声が通らないという人はどこかのタイミングで身体の使い方に悪い癖がついてしまっただけです。

声を楽に出す方法はシンプルなのです。

本書はボイトレ初心者でも簡単に楽に声が出せる方法をお教えします。

ゆるい気持ちで読み進めてみてください。

まずはボイトレの誤解を解こう！
間違ったままだと、一生
いい声は出ないんだにゃ！

「早口言葉を毎日」は

私は、ビジネスや、日常生活レベルでは、**滑舌をよくするために、あえて早口言葉を練習する必要はない**と考えます。

確かに、滑舌がいい人はそれだけで話し手として良い印象を与えます。

滑舌が悪くモゴモゴした声は、自信のない印象を与えます。相手に間違って情報を受け取られたり、誤解を招くことにもつながります。

私はアプローチの仕方が大切だと考えます。

滑舌をよくするためには、アナウンサーや俳優がおこなっているような早口言葉を練習すると、滑舌がよくなると信じていませんか？

それは違います。

早口言葉は「早口になるための練習をしている」みたいなものなのです。

アナウンサーや俳優には必要な場面もあるかもしれません。ただ、一般の方が、日常生活や、ビジネスの場で早口が求められる場面はほとんどありません。

早口でペラペラしゃべると、話の内容も存在も軽々しく受け取られます。

早く話そうとするから、言葉を噛むのです。

滑舌が悪いという人は、まずは「ゆっくりしゃべる」ことを心がけましょう。

その上で、P56の「舌プル体操」をしてみましょう。舌を正常な位置に戻すことで一音一音が正確に聞き取りやすい声に変わっていきますよ。

早口言葉は
「早口で話してしまう」ことに
つながることもあるんだにゃ〜！

「大きな声を出すにはお腹に力を入れる」は

残念ながら、お腹に力を入れても大きい声は出せません。

学校の教師や、会社の上司に「お腹に力を入れて話して」と言われたことがあるかもしれませんが、声の大きい人が持つ感覚として、何となく「お腹に力が入っているような感覚」があるから、声の小さい人に対してそういったアドバイスをしてしまうのかもしれませんね。

お腹に力を入れてと言われた時に、皆さんはどんなイメージをもちますか？

息を止めて、お腹を引っ込めて、みぞおちからおへその下あたりまで力を込めてしまっていませんか？

これは絶対にNGです。**余計に喉を閉めてしまいます。**

その声の出し方と、緊張が結びついてしまうと、緊張した場面で常に声が出ない身体になってしまいます。

お腹に力を加える感覚は今日からなくしてください。

私がお伝えしているお腹の使い方はとっても簡単です。大きく、通る声、響きのある声が出せるようになります。

私もお腹の感覚を重視していますが、ここでいうお腹とはおへそあたりではなく、横隔膜（みぞおち辺り）のことを指します。

P58の「腹ポコ運動」を行うことで声を出す際の横隔膜の使い方が身につきます。

ぜひマスターしてくださいね。

「お腹に力を入れる」という感覚は今日から捨ててしまうんだにゃ！

「腹式発声はたくさん吸って、たくさん吐く」は

これまた誤解を受けるアドバイスがちまたに流れているので、腹式発声についてお話をします。

「大きく息を吸って、吐けるようになると大きく通る声が出ます。さあ吸ってー、吐いてー、はい！　声出してー」と、実際にそういうアドバイスをするボイストレーナーは多いです。これは半分正解で半分誤解を与える表現です。

息をたくさん吸ったからといって、大きな声が出せるわけではありません。たくさん息を吸うことによって、過呼吸状態になって、発声のための筋肉群が使えなくなってしまうのです。またプチ酸欠状態になって、頭が真っ白になり、軽いパニッ

ク状態になってしまう人もいます。

大切なのは、必要な分だけ呼吸を取り込んで、発声にその息を生かすという感覚を身につけること。具体的には、声を出す前に鼻から息を吸います。ピンポン球一つ分くらいの大きさの息をそっと吸い込むイメージです。息を吸い込んだら、みぞおちあたりを1センチ前方に膨ませます。そして、息を吐きながら、みぞおちがさらに前方に膨らむイメージを持ちます。これが「おなかから声が出る」時の感覚になります。

みぞおちから下腹部までを力ませるのではなく、みぞおち辺りの筋肉＝横隔膜が、少しかたくなる感覚があれば正解です。少しでも肩や首に力みがある方はうまくいっていません。あくまで腹式発声の主役は横隔膜です。P58で紹介する「腹ポコ運動」はこの横隔膜を自然に使って腹式発声が楽にできる方法をお教えしています。

正しい発声を身につければ、
自然と正しい呼吸の
使い方も身につくよ〜！

「大きく口を開けて話せ」は

モゴモゴしゃべらずに大きく口を開けて！

このアドバイスも、口をほとんど開けずに話す癖がついている人に、ついボイストレーナーが言ってしまいがちなアドバイスです。

やりすぎると、逆に喉が閉まってしまい、声が出しづらくなります。

実際にニュースキャスターが原稿を読んでいる時の口を見ているとあまり大きく開けていませんよね。

問題なのは、大きな口を開けることが目的になってしまっていることです。

正しい口の開け方のイメージを持つことが大切です。

上の奥歯と下の奥歯を1センチほど開くイメージを持ちましょう。舌先は下の前歯の付け根部分に軽く触れさせましょう。

同時に、舌全体はお椀の形を作るようなイメージ、もしくは溝を作るイメージで下に置きます。

そうすると口の中の空間は広く保つことができ、喉を開いて話すことができます。

口を大きく開けるイメージを持つのではなく、口の中に大きな空間を広く作るイメージ＝喉を開く感覚が大切だということです。

この喉が開く感覚はＰ60の「ニャニャニャ発声」で身につきます。

口を大きく開かなくても、口の中の空間がしっかりと保たれていれば、大きく通る声が出せるようになります。

大きく通る声になるために、
口を大きく開く必要は
まったくないんだにゃ〜！

第3章

実践！1日3分で効果が出る瞬間声トレ

これまで言ったように毎日腹筋をしろ！とか、
寝そべって足を浮かせて声を出せ！とか、
あぁあ～
大きく身体を動かすことはしません！
3つのトレーニング、合計3分間やるだけ。その場で気軽に実践だ！
すぐできるよ！
はい！

「舌」「お腹」「声帯」だけをすこーし変えてあげればいい！

腹筋を毎日100回しろ。早口言葉を繰り返せ。と言われても難しいし、モチベーションも続きませんし、むしろ逆効果になることもあるということはお伝えしましたね。

本書のトレーニングで「舌」「お腹」「声帯」の3つの機能を高めてあげれば、声の悩みは超短期間で解決するということを知っていただきたいと思います。

決して、難しいトレーニングではありません。

普段の生活では「意識しにくい部分」「自然に鍛えることができない部分」を動かしてあげるので、効果があらわれやすく**「1日3分、2週間続ける」**だけで、**声の悩みは解決し、「いい声」が定着していきますよ。**

ここでいう、いい声の定義は「よく通る声」「力のある声」「明るい声」の3つです。

本書で行う3ステップのトレーニングでこのような「いい声」を実現します。

1 舌

舌プル体操!

舌の緊張を解き、声のこもりをなくす!

←

2 お腹（横隔膜）

腹ポコ運動!

お腹（横隔膜）を動かし、力強くエネルギーのある声にする!

←

3 声帯

ニャニャニャ発声!

声帯の筋肉を楽しく鍛えて、明るい声にする!

効果を最大にするための「3大ルール」

効果的な学び方としては、1トレーニング（1分）だけでもいいので、継続して練習をおこなってみていただくことが、いい声定着のカギとなります。

理想は1日3ステップ（計3分）を2週間、集中力を高めた状態でおこなっていただくことです。

元に戻るかも？　と不安になるかもしれませんが、そう思うのは最初だけです。

脳は新しい声の出し方を記憶していないだけで、舌、お腹、声帯の各トレーニングを1分ずつ、2週間正しく続けていただければ、基本的な声の出し方については定着していきます。

2週間が過ぎたら、2日に1回で結構です。

1ヶ月が過ぎたら、1週間に1回、もしくは、プレゼンやスピーチの前などに行うだけでも効果はあります。

もっと長くやってみたいという方も3ステップのトレーニングを10分までを目安におこなってください。長くダラダラではなく、声と耳を集中させて、短い時間で行う訓練は、相当質の高い練習となります。

たった3分で終わります。

やりやすい時間におこなってみてください。

1

1種目だけでも声は変わるが、
舌→お腹→声帯の3ステップ、合計3分間を
行うと効果抜群！

2

毎日3分、舌、お腹、声帯のトレーニングを
まずは2週間継続！

3

2週間続けたら、回数を減らしても大丈夫！
2週間が過ぎたら、2日に1回に。
1ヶ月が過ぎたら、1週間に1回もしくは
プレゼンやスピーチの直前だけでも行おう。

1日3分、
2週間継続がカギ！

舌プル体操

1

目安時間
60秒

舌を引っ張り、声のこもりをなくし、滑舌もよくします。

1 顔を正面に向けて、ハンカチやウェットティッシュなどで舌の先をつまむ

2 痛くならない程度に、舌を真正面に引っ張って10秒静止

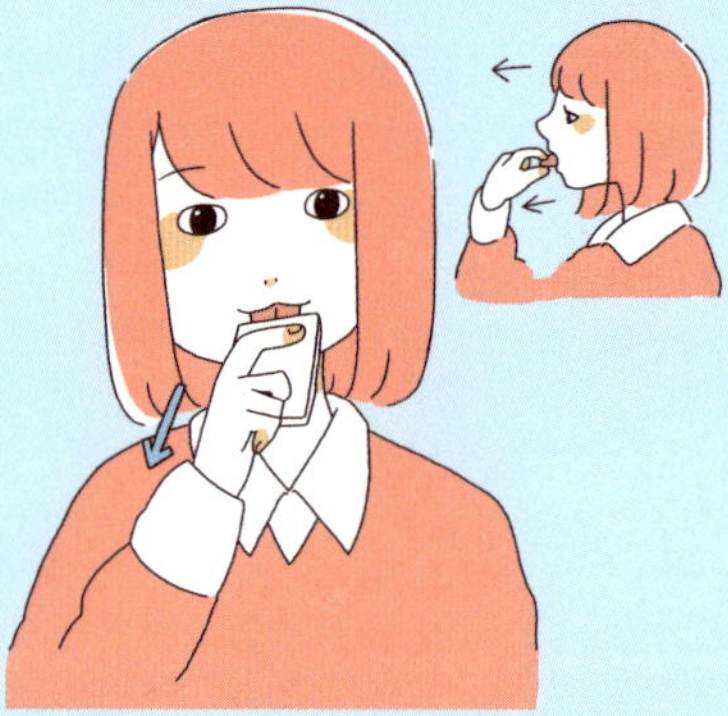

理論

「舌プル」とはつまり「舌を引っ張る」ことです。舌を引っ張ることで、喉の奥に固定化されてしまった舌を柔軟にし、前に出すのです。声がこもる一番の原因は、舌が喉の奥の方に引っ張られて、喉を塞いだ形になっているということです。このトレーニングで、声のこもりがなくなり、滑舌もよくなります。

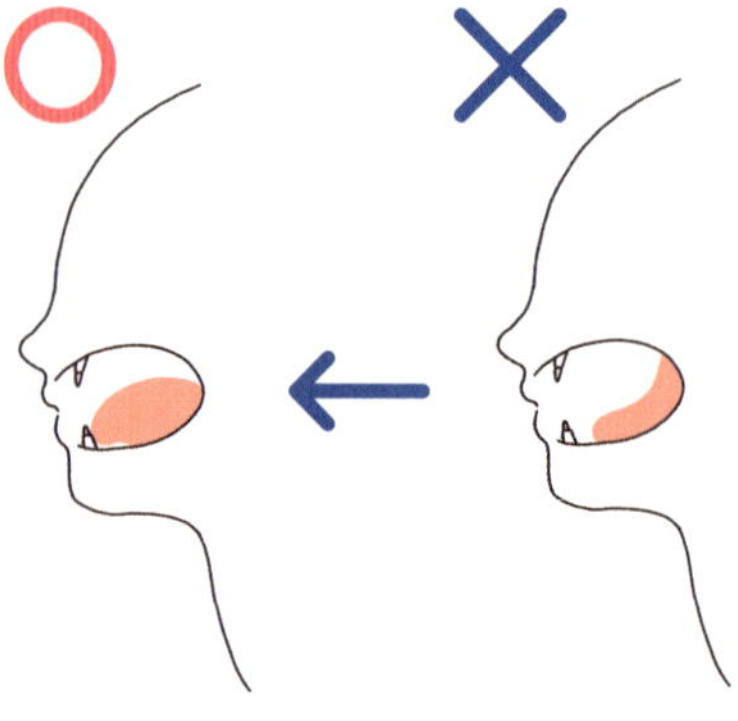

話しをする際は舌先を下の前歯の付け根部分につけた状態がベスト。

動画でもチェック！

https://tsukasataku.com/page-475

3 真ん中にある舌を右にずらして10秒静止

4 舌を真ん中に戻し、左にずらして10秒静止

5 舌を真ん中に戻し、下にずらして10秒静止

6 舌を真ん中に戻し、舌を真正面に引っ張って「アァーーー」と10秒ほど声を出す

POINT

1. 顔の向きは正面に固定する。舌の動きに引っ張られて顔の向きが動かないように注意です。
2. ⑥の声の音量は、やや大きめの方が効果的ですが、大きい声が出せない場所なら、ささやき声程度でもかまいません。

腹ポコ運動

2

目安時間
60秒

横隔膜を刺激し、正しい腹式発声を身につけます。

1セット20秒×3回

1
片手で握りこぶしを軽く
握り、口の少し下に置く

理論

力強い大きな声を出すには、横隔膜を使って息を吐き切ることが必要です。しかし小さい声で話すことに慣れ切ってしまった方は横隔膜の動きが鈍化して使えない状態になっています。「腹ポコ運動」は、横隔膜を強制的に刺激し、腹式発声を意識せずにできるようになる運動です。出したい音量を自由自在にコントロールできるようになります。

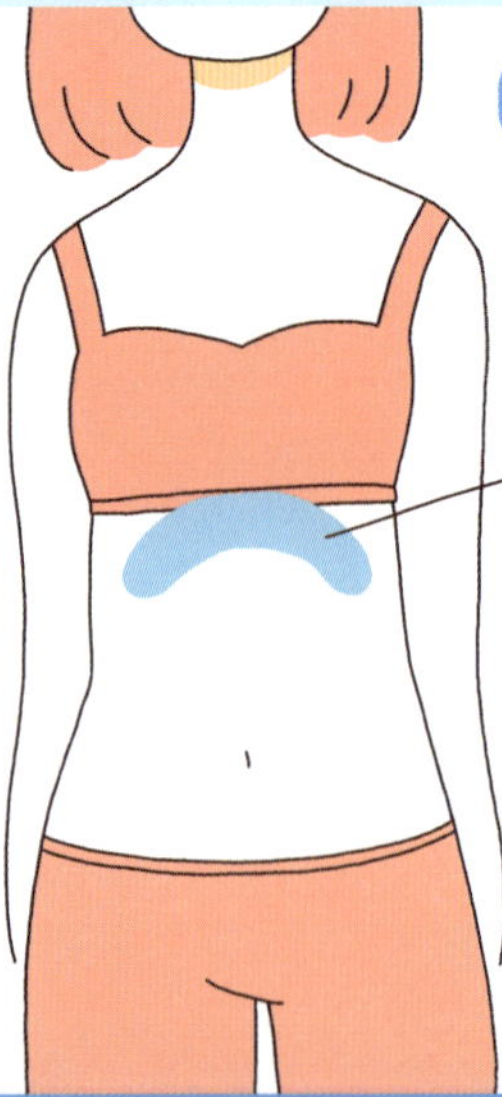

肋骨の下にあります。横隔膜を使った呼吸法を「腹式呼吸」といいます。

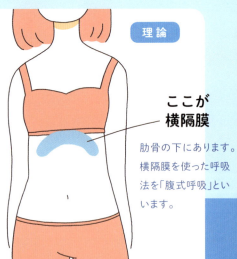

動画でもチェック！

https://tsukasataku.com/page-475

3

①の手のなかに、勢いよく口から息を「フッ！フッ！フッ！フッ！フーーー！」と吐き出す
5回目の「フーーー！」で息を吐き切る

2

鼻から息を吸う

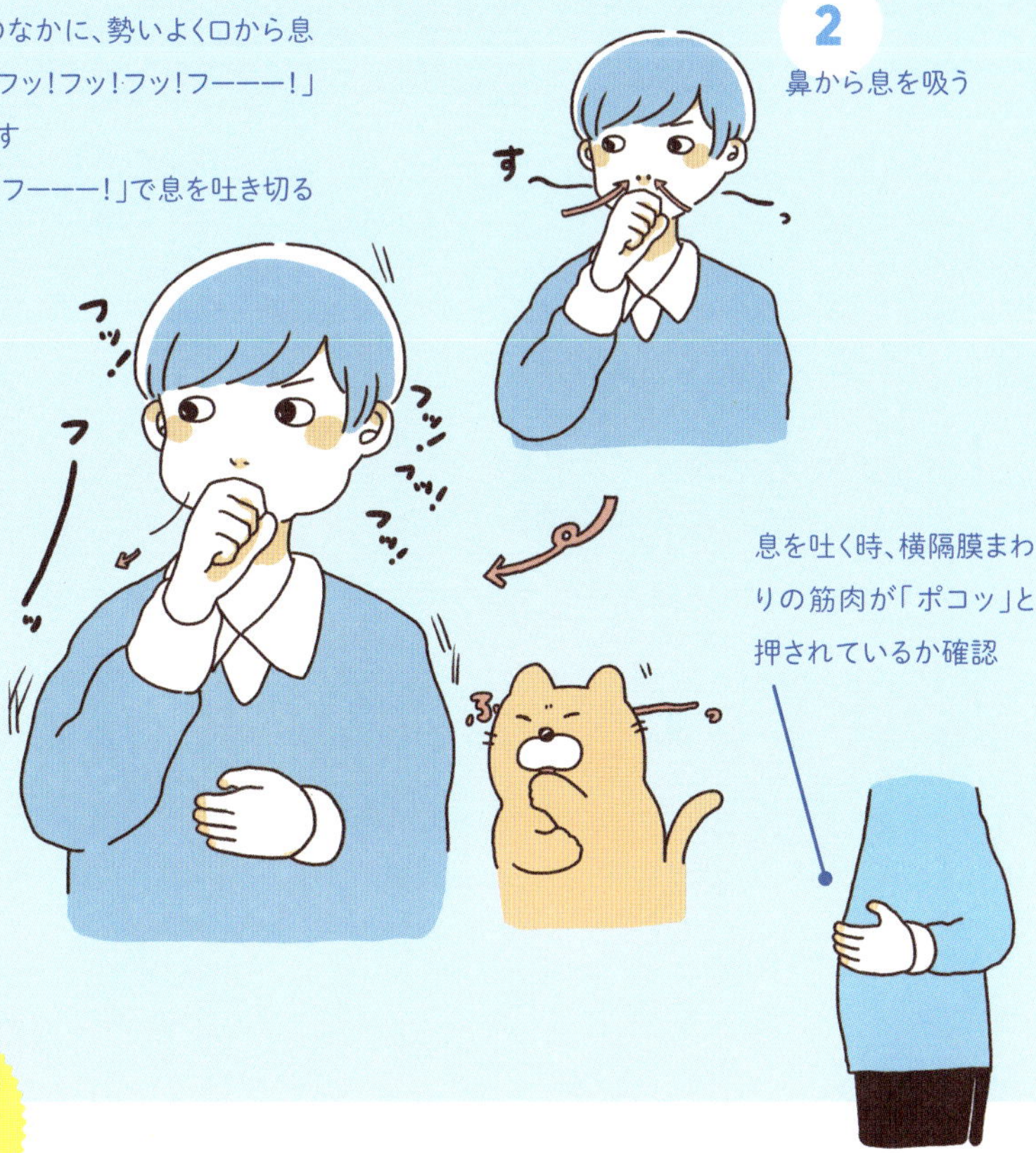

息を吐く時、横隔膜まわりの筋肉が「ポコッ」と押されているか確認

POINT

1.「フッ」1回につき1秒ほどのペースで、「フッ！フッ！フッ！フッ！フーーー！」を1セットで行います。

2. 息を吐く時に、横隔膜まわりの筋肉（みぞおち辺り）が前に押されていることを確認してください。

3. 風船を膨らませる要領で、3セット繰り返してください。実際に風船を使ってもOKです。

ニャニャニャ発声

3

目安時間
60秒

声帯の筋肉を鍛えると同時に、喉が開く感覚が身につきます。
下記の例文を参考にして自分の出せる最も高い声で音読してみてください。（名前は自分の名前でもかまいません。）

こんにちは。わたしのなまえは、（いずみかなえ）です。

1 「ニャ」だけで読む

ニャ・ニャ・ニャ・ニャ・ニャ（こんにちは）
ニャ・ニャ・ニャ・ニャ（わたしの）
ニャ・ニャ・ニャ・ニャ（なまえは）
ニャ・ニャ・ニャ（いずみ）
ニャ・ニャ・ニャ・ニャ・ニャ（かなえです）

理論

「ニャニャニャ」と発声することで、鼻音や鼻濁音その他、音全般の「音の抜け」が良くなり、さらに高い声でこの発声を行うことで、通る声や高い声を出す声帯の筋肉を同時に鍛えることができます。「ニャ」と高音を発声することで、自然と下の形がお椀型になります。結果、自然と喉が開いてくれるのも、このトレーニングの特徴です。

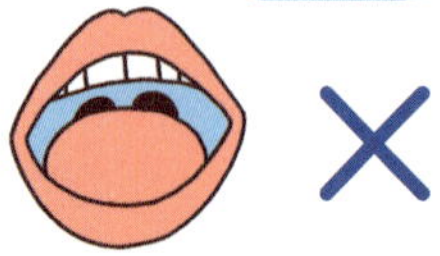

喉が閉じた状態

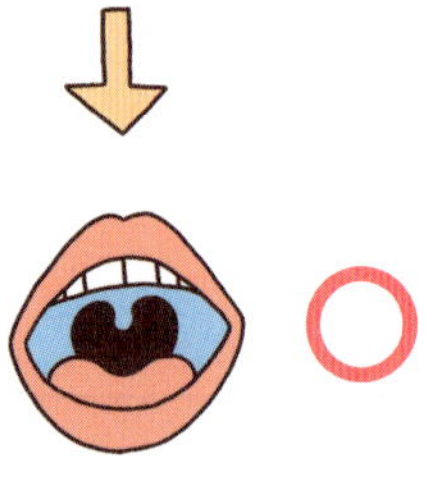

喉が開いた状態

動画でもチェック！

https://tsukasataku.com/page-475

2 「ニャ」で読んですぐに、もとの文字で読む

ニャ・ニャ・ニャ・ニャ・ニャ こんにちは

ニャ・ニャ・ニャ・ニャ わたしの

ニャ・ニャ・ニャ・ニャ なまえは

ニャ・ニャ・ニャ いずみ

ニャ・ニャ・ニャ・ニャ・ニャ かなえです

3 「ニャ」を発声する喉の感覚、声の高さの感覚のまま、普通に書いてある文字を読む

こんにちは（ニャ・ニャ・ニャ・ニャ・ニャ）

わたしの（ニャ・ニャ・ニャ・ニャ）

なまえは（ニャ・ニャ・ニャ・ニャ）

いずみ（ニャ・ニャ・ニャ）

かなえです（ニャ・ニャ・ニャ・ニャ・ニャ）

POINT

1. 可能な限り高い声で、裏声っぽく「ニャ」と出す。

2. 「ニャ」と発声する時はあごを落とす。口を小さくせず、横に引っ張らないように注意。

普段から意識しておきたい「基本のキ」3つ

1 声を届けたい人を正しく見る

聞き返されない声を一発で相手に届かせるための準備があります。

それは声を届けたい人を正しく見るということです。

読者の中にも、相手の目を見ないで、眉間や、鼻、ネクタイなどを見て話している人はいませんか。話し方の本によく書いてある手法なのですが、それで緊張は解けましたか？　余計に緊張してしまっていませんか？　短期的に効果がある方法をまずはお教えします。

それは**「相手の左目の黒目の中の光を見る」**ことです。

左目の黒目の中の光を見る
キラ
キラ
キラ
キララ〜ン！

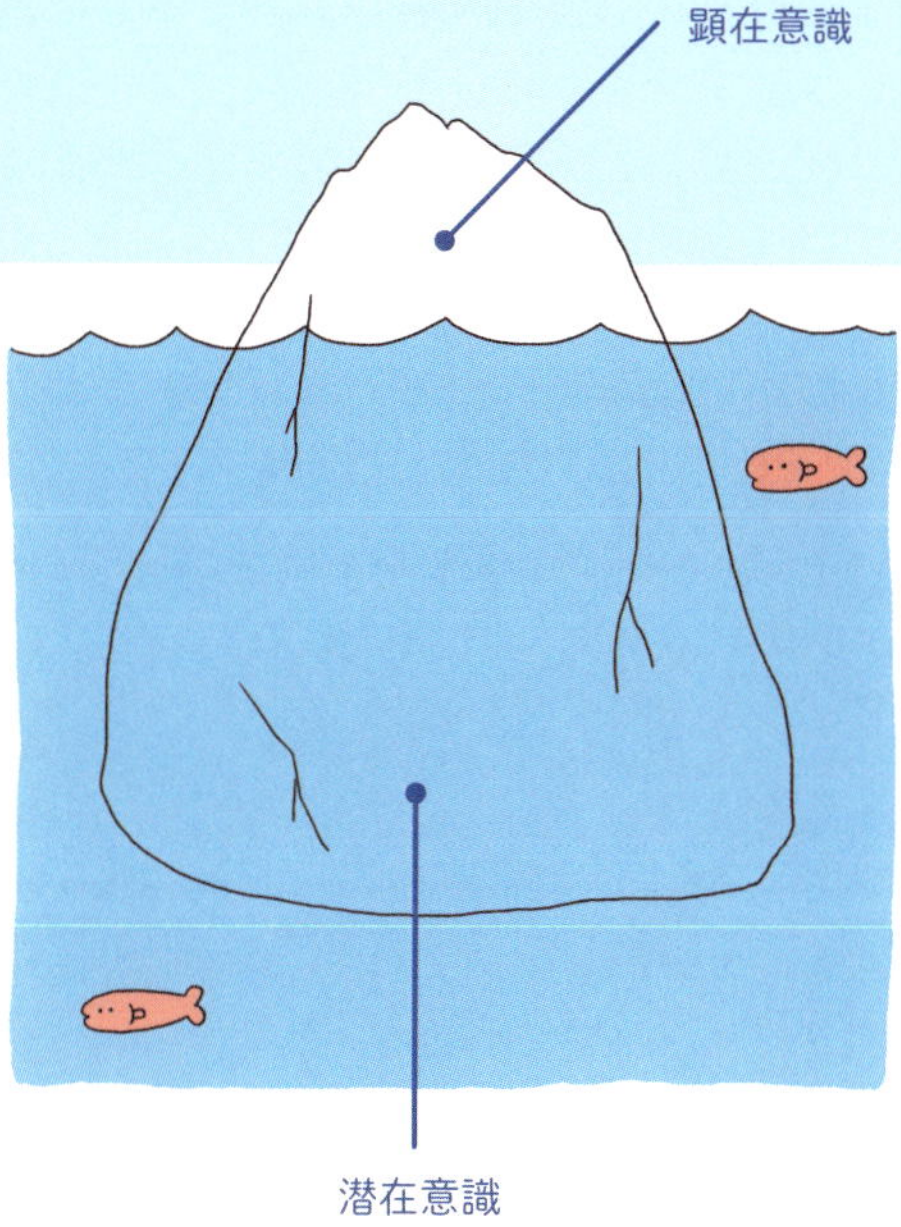

過去５０００人以上の生徒さんに試してきて、ほとんどの方に効果を実感したと言われたメソッドです。なぜ、左目の方がいいのか。左目は右脳＝潜在意識とつながっています。ですから**相手の潜在意識とダイレクトにつながることができ相手に届きやすくなるのです。**

一方、右目は左脳＝顕在意識とつながっています。左脳は論理や理性を司っています。氷山に例えると、水面上に見えている部分が顕在意識、水面下の見えない部分が潜在意識です。右目を見ることで相手の理性が働いてしまいます。なんとなく居心地がわるい。あまり目を見続けられないという感覚が生じます。

人と話す時に、どこを見ていいかわからず、落ち着かないという方は、試してみてください。

相手までの距離が遠い場合も、左目の黒目の中の光を見るイメージで話してみると、効果が実感できますよ。

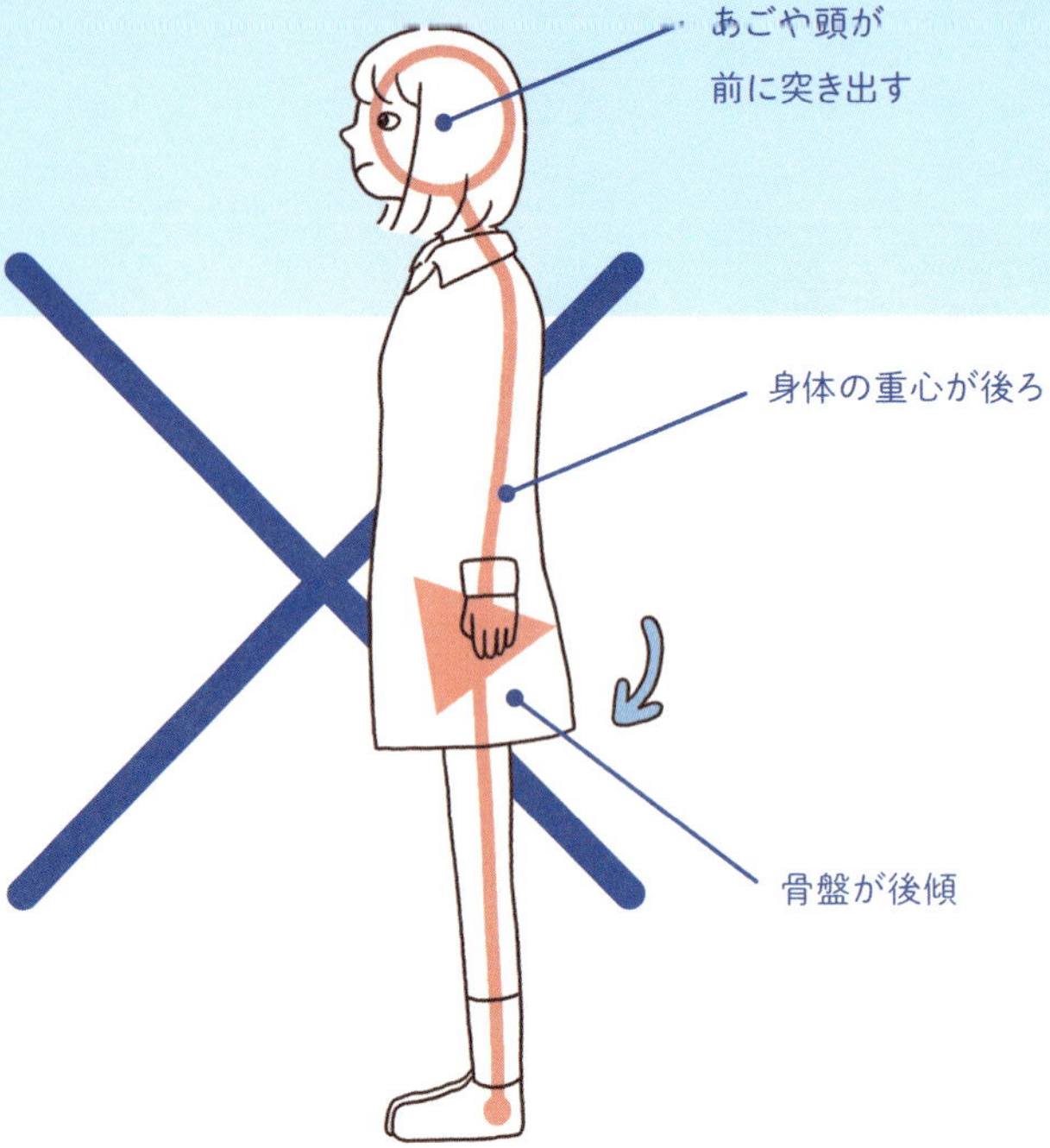

2 いい声を導く脱力姿勢

私たち現代人は、パソコン、スマホの長時間の使用の影響で、気がつかないうちに身体を緊張させ、負担をかける姿勢をつくりだしています。結果、喉が閉まり呼吸が浅くなり、声が出づらくなります。

ここでは、身体に負担をかけてしまう姿勢と、緊張が解けてリラックスした姿勢を解説します。

総じて、身体に負担をかける姿勢の特徴は3つあります。

①身体の重心が後ろ
②骨盤が後傾
③あごや頭が前に突き出している

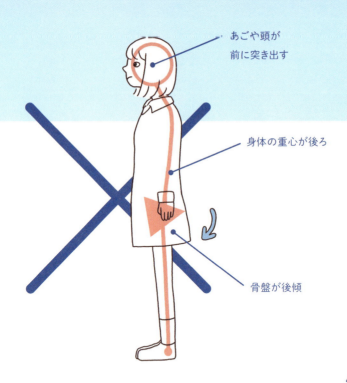

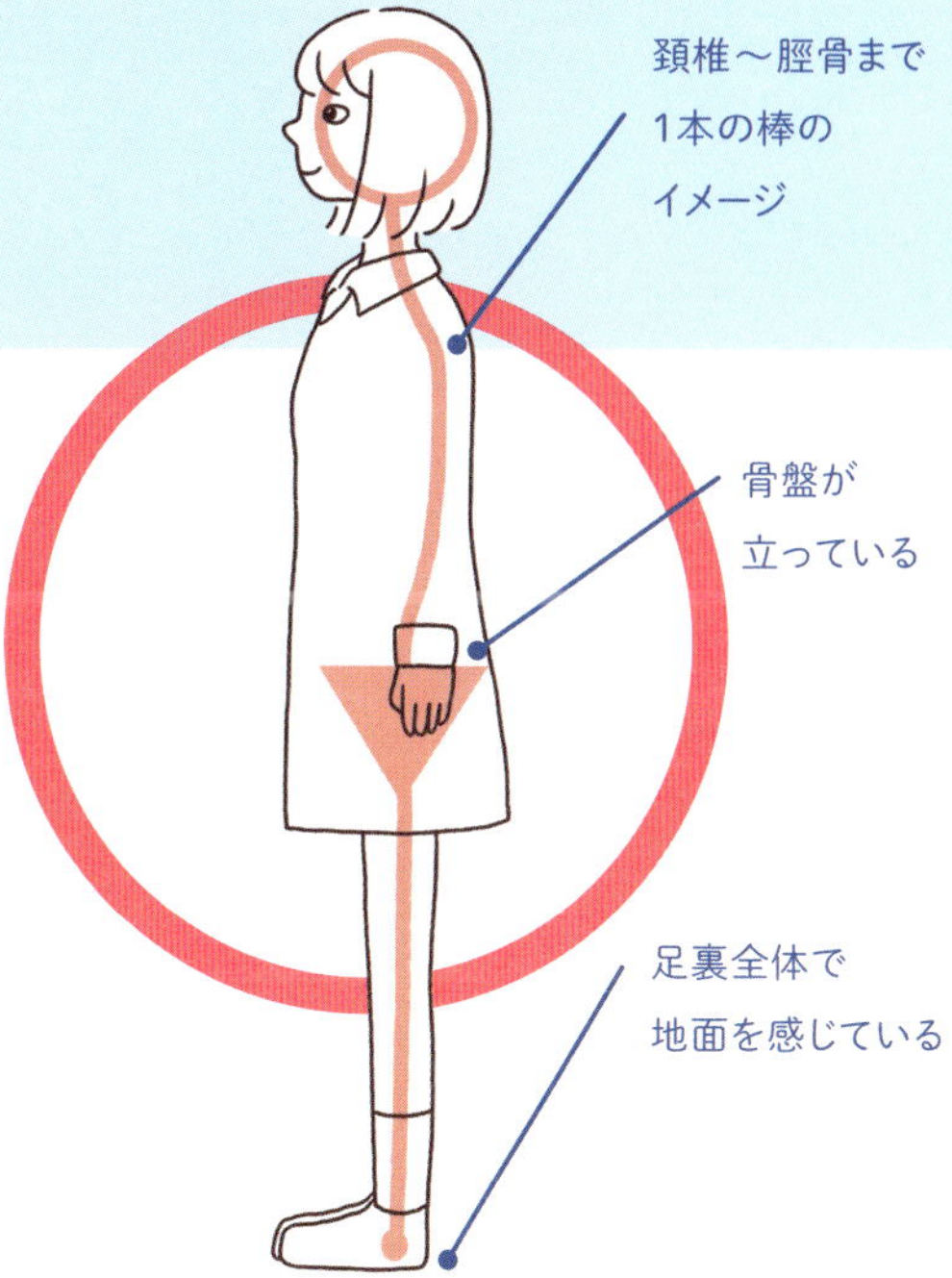

リラックスした姿勢のコツは次の3つです。

①骨盤が立っている
②頚椎（首の骨）～脛骨（スネの骨）までが1本の棒のイメージである
③足裏全体で地面を感じていること

これらが実現することで、本来あるべき姿勢になります。

その他、気をつけていただきたいところは2点

1．肋骨の位置を10センチ高くキープしてみましょう。肋骨と腰骨との距離を長く取るイメージです。

それだけで出っ尻や、猫背が改善します。

2．お尻の穴を軽く締めてみましょう。

それによって腸腰筋が働き、こことつながっている横隔膜が使いやすくなり、声が出しやすくなります。

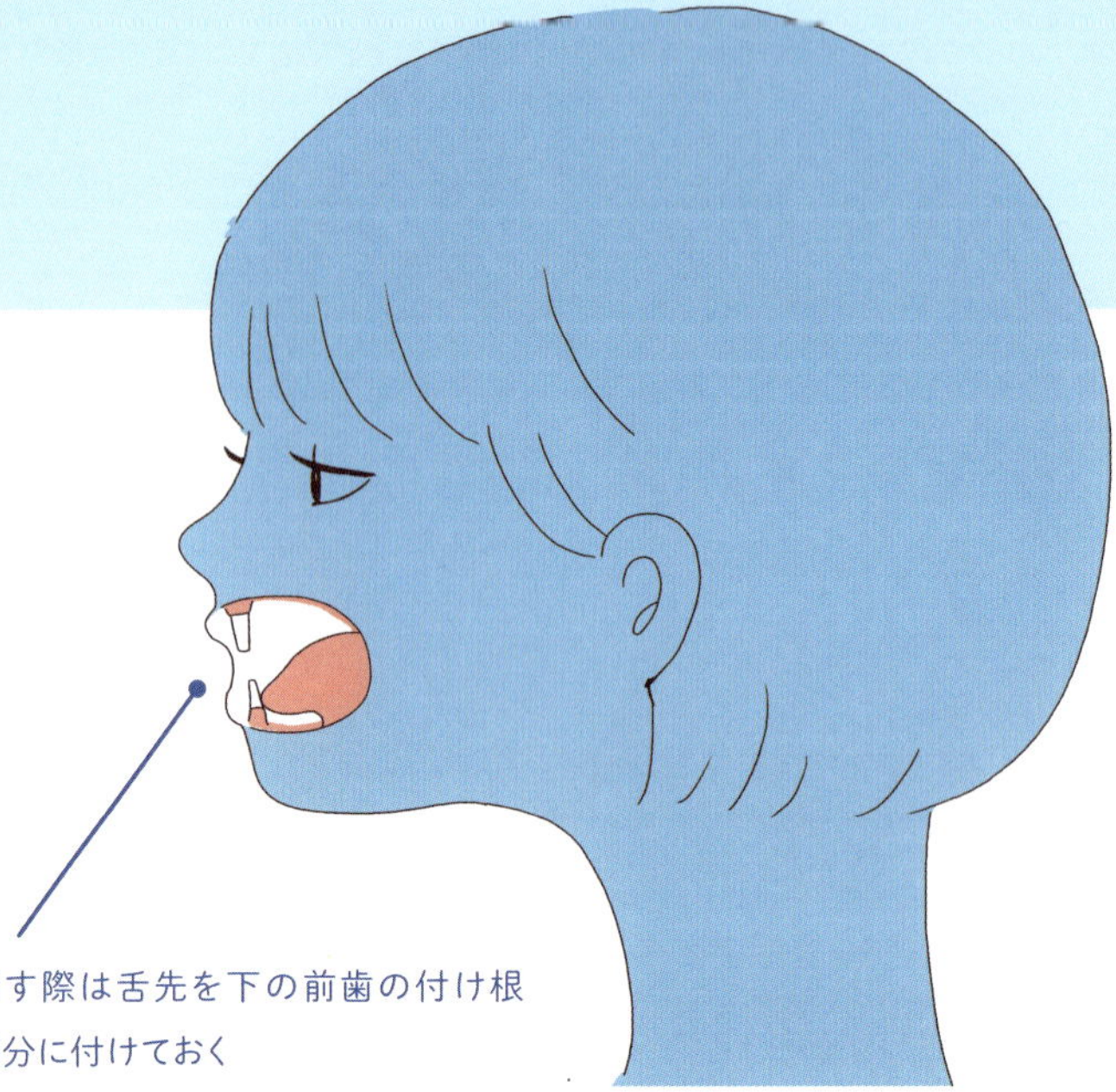
話す際は舌先を下の前歯の付け根部分に付けておく

3 話す際の舌ポジチェック

滑舌よく話すためには、舌のポジションが大切になります。

ここでは話す際に舌がどの場所にあるのがいいのか、「舌の基本的なポジション」を知っておきましょう。

舌先は必ず下の前歯の付け根部分、「歯茎」と呼ばれる場所につけておくということを覚えておいてください。

この基本ポジションを守ることにより、声の「こもり」がなくなり、通る声に近づきます。

舌が喉の奥の方に引っ張られた状態で話すと、鼻に息が抜けすぎて、フガフガした話し方になってしまうことも。

例外として「らりるれろ」「たちつてと」「なにぬねの」などの音を発する場合は、上の前歯の裏あたりに舌先が自然と移動します。
試しに発音してみてください。

「らりるれろ」「たちつてと」「なにぬねの」

しかし、それ以外の音については、基本ポジションを守って声を発しましょう。

「あいうえお」「かきくけこ」「さしすせそ」「はひふへほ」「まみむめも」「やゆよ」

基本ポジションに舌を置いて発せられているかをチェックしてみましょう。
話す際は、舌先が下の前歯の付け根部分に触れるということを覚えておいてください。

第4章

悩み別　声の使い方

あわ
あわ
♪LALALA～
MAAA～
面接や商談で
覇気がない…
電話口で暗い
声になる…
プレゼンで
堂々と
振る舞いたい…
歌う時に高音が
出せない…
ナルホド…

そんな方は
悩みを
ぶっ飛ば
そう！
ド
悩み
悩み
悩み
悩み

ケース
01

「早口で何を言っているかわからない」を解決！

黒丸メソッド

早口で何をいっているかわからないと言われる。緊張すると早口になって頭が真っ白になる。そんな経験ありませんか？

気づいたら早口になってしまう人は、相手に、落ち着きのない人、せっかちな人、自分に自信がない人という印象を与えてしまいます。ゆっくり話せばいいとわかってはいても、なかなかうまくいきませんよね。

そんな時にオススメなのが「黒丸メソッド」です。

方法

文節の、最初の一音目に小さなアクセントを置くイメージです。

（例）私は犬が好きです　↓　わたしは　いぬが　すきです

注意点は、黒丸部分で、無理に語気を強める必要はないということ。

「わったしは、いっぬが、すっきです」って読むのは不自然ですよね。

この場合だと、「わ」「い」「す」各々の口の形をきちんと作るようにイメージするだけでオッケー。

また、全体の読むスピードも無理にゆっくり読もうとしなくて構いません。いつも早口気味の人が、戦場カメラマンの渡部陽一さんのように、全体をゆっくり話そうとすると大変難しくなります。

文節の頭だけ軽くブレーキをかけるイメージで、アクセントをつけてみると、自然と話すスピードはゆっくりとなります。最初は違和感を覚えるかもしれませんが、1~2日で慣れますのでチャレンジしてみてください。早口防止だけでなく、聞き返されるリスクも減ります。

ケース 02

電話で相手に与える印象をアップさせる！

口角機動トレ

大手化粧品会社のお客様相談センターの電話オペレーターの方々に研修をおこなった際に、クレームを受けやすいオペレーターの声の特徴としてあげられたのが、「無愛想でやる気がないような声」、「怒っている風に聞こえてしまう声」でした。

お仕事の電話に限らず、日常の友達同士や、恋人同士、家族間でも電話で話していて喧嘩になってしまう傾向にある人は、無愛想だったり無気力な声が原因ということもあるかもしれませんね。

電話で話す声は、電波を通って聞こえること、相手の表情がわからないことから、なんとなく話すと、無機質な声になってしまいがちなのです。

普段から表情をあまり変えずに話す癖のある人は、声に対して、無頓着な話し方をしてしまうと、やる気がない声、無愛想な声に聞こえ、トラブルになるのです。

電話で聞き取りやすい声を出すポイントは口角をあげることです。

見える位置に好きな花や
笑顔になれる写真を飾るのもオススメ
いやし
いやし
目のすぐ下に口角が
あるイメージ

方法

口角をあげながら話すと声のトーンや明るさがアップします。ただし、無理に引き上げて話すと、硬い声になりますので、目のすぐ下に口角があるイメージで話してみるといいでしょう。

日頃から口角をあげて話す癖がない人は、気がつけば口角は下がり気味になります。

電話の前に鏡を置いておくのも効果的ですし、好きな花を飾ったり、笑顔になれる写真を貼っておくのもいいでしょう。

また、電話の苦手な人に多いのが早口になってしまう人です。ケース01の解決法もオススメですが、もう1つ有効なのが、相手が自分の言葉をペンで書き留められるスピードのイメージを持って話してみることです。ゆっくりと話すことで、自律神経は安定し、リラックスをもたらす副交感神経が優位になります。電話が苦手という心理的な負担も軽減しますよ。

ケース
03

プレゼンやスピーチなど大勢の前でも堂々と話せる!

ペットボトルマン

落ち着いて話せない時、身体の重心はどこにあるか考えてみたことありますか?

ほとんどの方が、喉から上に集中している感覚になっているのではないでしょうか。**落ち着いて堂々と話せるようになるためのポイントは、身体が安定する重心バランスを知ることです。**

そのバランスポイントは、おへそから指3本分下のところにあり、さらにその場所から身体の中心に向かって奥にある「丹田」という場所にあります。プレゼンやスピーチなど、ジャッジされる立場になると、無意識に喉や首、頭の方などに重心ポイントが上がります。すると喉を閉めて、呼吸が浅くなります。

そんな時、心を操作して落ち着かせようとするのではなく、あるイメージングをしてください。それが「ペットボトルマン」トレーニング。

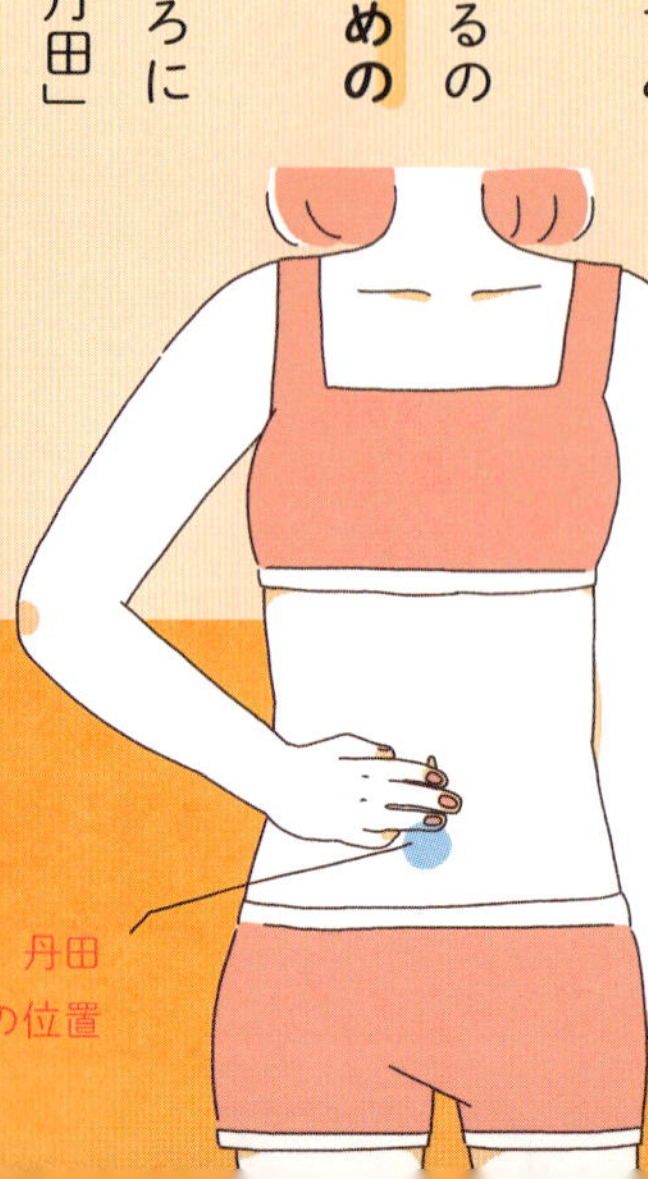

巨大なペットボトル

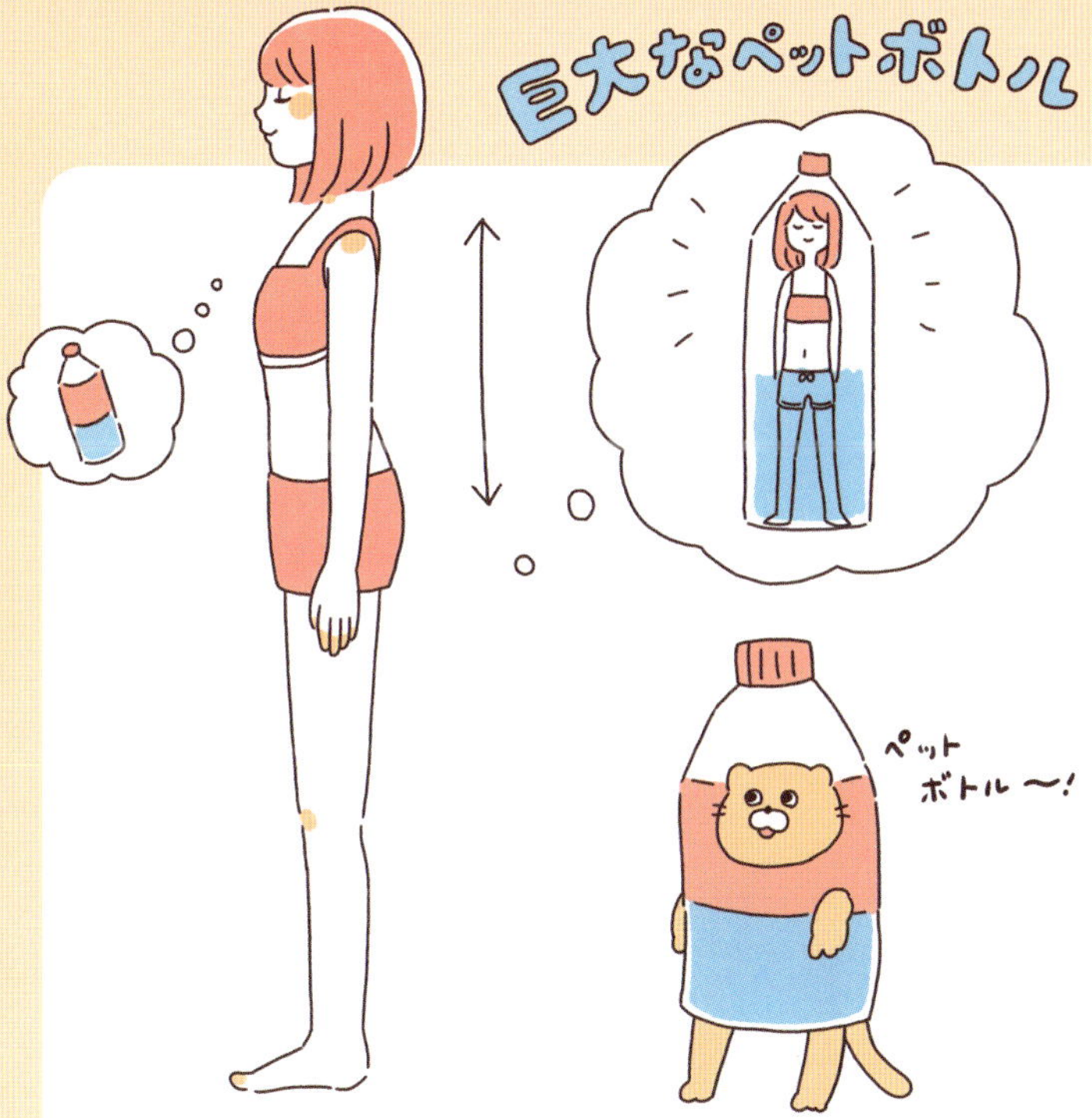

方法

イラストのように自分の身体が空のペットボトルになったとイメージして立ってみてください。そのまま目を閉じて、おへそから下に水がたっぷりと入っているイメージをしてください。すっと力が抜けていく感覚が持てるのではないでしょうか。

これは丹田で重心バランスが取れている証拠です。

座っている時も、同じようにおへそから下にお水が入っているペットボトルをイメージして座ってみましょう。普段、猫背の人も自然にスッと背筋が伸びるのが感じられるはずです。

身体の重心ポイントは、心と声に連動しています。

重心が丹田に下がれば、呼吸が楽になり、心が落ち着き、声も楽に出せるようになります。

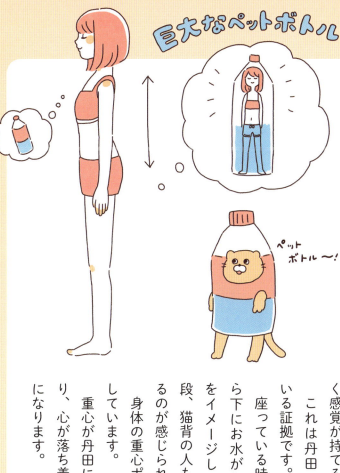

ケース

04

「子どもっぽい声」を「落ち着いた声」に変える！

魔法の言葉「パ・タ・シャ・カ・ラ」

子どもっぽい声を「落ち着いた声」にしたいという悩みは特に女性に多い傾向があります。

女性管理職が増え、**チームリーダーとして部下を引っ張る立場になったのに、甘ったるい声だとなめられてしまうと悩んでレッスンに来られる方が増えました。**

そんな方に「落ち着いた声」になるオススメのトレーニング法が「パ・タ・シャ・カ・ラ」です。

方法

弾くように出す音、舌を上下に動かす音を使って、発音の練習をします。「pa《パ》」「ta《タ》」「sha《シャ》」「ka《カ》」「ra《ラ》」という5文字を、5回ずつ発音します。

大きな声を出す必要はなく、小さな声で行っても効果はあります。

①「pa《パ》」「pa《パ》」「pa《パ》」「pa《パ》」「pa《パ》」
②「ta《タ》」「ta《タ》」「ta《タ》」「ta《タ》」「ta《タ》」
③「sha《シャ》」「sha《シャ》」「sha《シャ》」「sha《シャ》」「sha《シャ》」
④「ka《カ》」「ka《カ》」「ka《カ》」「ka《カ》」「ka《カ》」
⑤「ra《ラ》」「ra《ラ》」「ra《ラ》」「ra《ラ》」「ra《ラ》」

ポイントは、「ゆっくりはっきり」と行うことです。

速さを求めるのではなく、一音一音はっきりと発音しましょう。

①〜④は子音を叩くように歯切れよく、⑤は上の前歯の裏に舌先をつけて、下の前歯の裏にストンと落とすイメージで発音します。

甘ったるい声ではなく、やや低音の響きのある声に変わります。

人は響きのある人の声を聞くと安心感、信頼感を抱きます。響き力がアップする声の出し方で、甘ったるい声から卒業できますよ。

ケース

05

緊張する時に知っておきたい！

あがり症改善呼吸法

心を落ちつけるのによく活用されるのが「呼吸法」です。呼吸法には様々な流派がありますが、私自身が試し、受講者の方にも効果を実感いただいた鼻呼吸を使った方法をご紹介します。

本番に強くなりたい方。あがり症の方。話している時に頭が真っ白になる方。

仕事がいっぱいいっぱいになる方への簡単メンタルコントロール術です。

方法

①身体の中の空気を鼻から全て吐き切ります。お腹をできるだけへこませます。必ずいま身体の中にある空気を吐くところからスタートしましょう。

1
鼻から空気を吐き切る
スーッ

2
3秒鼻から空気を吸い込む

3
2秒息を止める
ピッ

4
10〜15秒かけて鼻から空気を吐き切る
スーッ

最初に息を吸い込んでしまうと、逆に緊張のスイッチが入ってしまいます。吐くところからスタートすることで、副交感神経が優位になり、リラックスを導いてくれます。

②全て吐き切ったら、3秒鼻から空気を吸い込みます。

③2秒息を止めます。

④10〜15秒かけて鼻から吐き切ります。

感情をコントロールするのが苦手な方、特に不安や焦り、怒りを鎮めることに対して、この呼吸法を行うことで、感情の高ぶりや、落ち込みを防いでくれる効果があります。

ケース

06A

面接で合格！商談で成功！するための声を出さない直前対策①

サイレントロングブレス

大きな声が出しやすくなるトレーニングです。同時に心の安定やリラックスを生む効果もあります。面接や商談直前に効果的です。

安定した一定の強さで息を吐いていきます。矢継ぎ早に言葉を発して、煽り立てるような早口な話し方になってしまう。その原因の1つは息を一定のスピードで吐けていないことです。

そういった方はこのトレーニングを行うことで、1つ1つの音が明瞭になり、語尾までしっかりと聞き取りやすい話し方ができるようになります。

方法

①息を吐き切った状態から、0・5秒くらいの短い時間で鼻から少量の空気を吸います。

ポイントは、鼻と口周りの空気をスッと吸い込むイメージです。

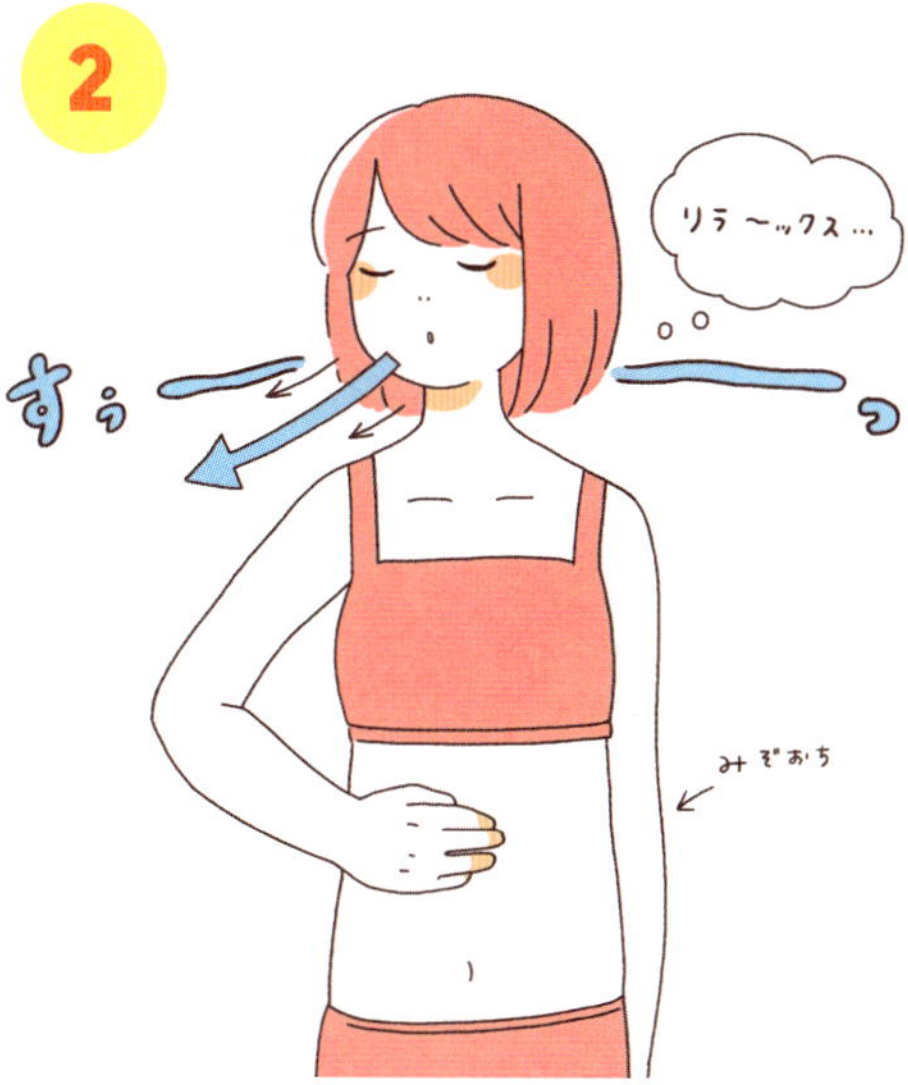

大量に吸い込もうとすると、喉が閉まり、息が吐けなくなり、声が出しにくくなります。

②次に、横隔膜部分（みぞおち）に片手を当て、みぞおち辺りを前に押し出すイメージで口から「スーッ」と、ゆっくり20秒かけて息を吐き切ります。

これらを2セット行います。

②で息を吐く時に、20秒続かないという方は、肩や首に力が入っている可能性があります。力を抜いて、リラックスして行いましょう。

ケース

06B

面接で合格！商談で成功！するための声を出さない直前対策②

変顔体操

緊張、あがり症の方には、「変顔体操」がオススメです。

実際に舞台の役者さんや、アナウンサーさんにオススメして効果があった！　と感想をいただいています。

自分できる最大限の変顔を1分間続けて行うというものです。

人前で話す時に一番緊張を感じるのは顔ではないでしょうか。

顔には感情に関係する神経が集中しているので、顔の筋肉の硬直や緊張が生じると、脳に「今緊張している！　あがっている」という指令が伝達され、余計に緊張状態が増大するのです。これは逆もしかりで、顔の緊張をほぐし、やわらかくすると、脳が「緊張していない、リラックスしている」と勘違いしてくれるのです。

しかも、表情豊かに話すことができるようになるメリットもあり！

印象や評価もアップします。

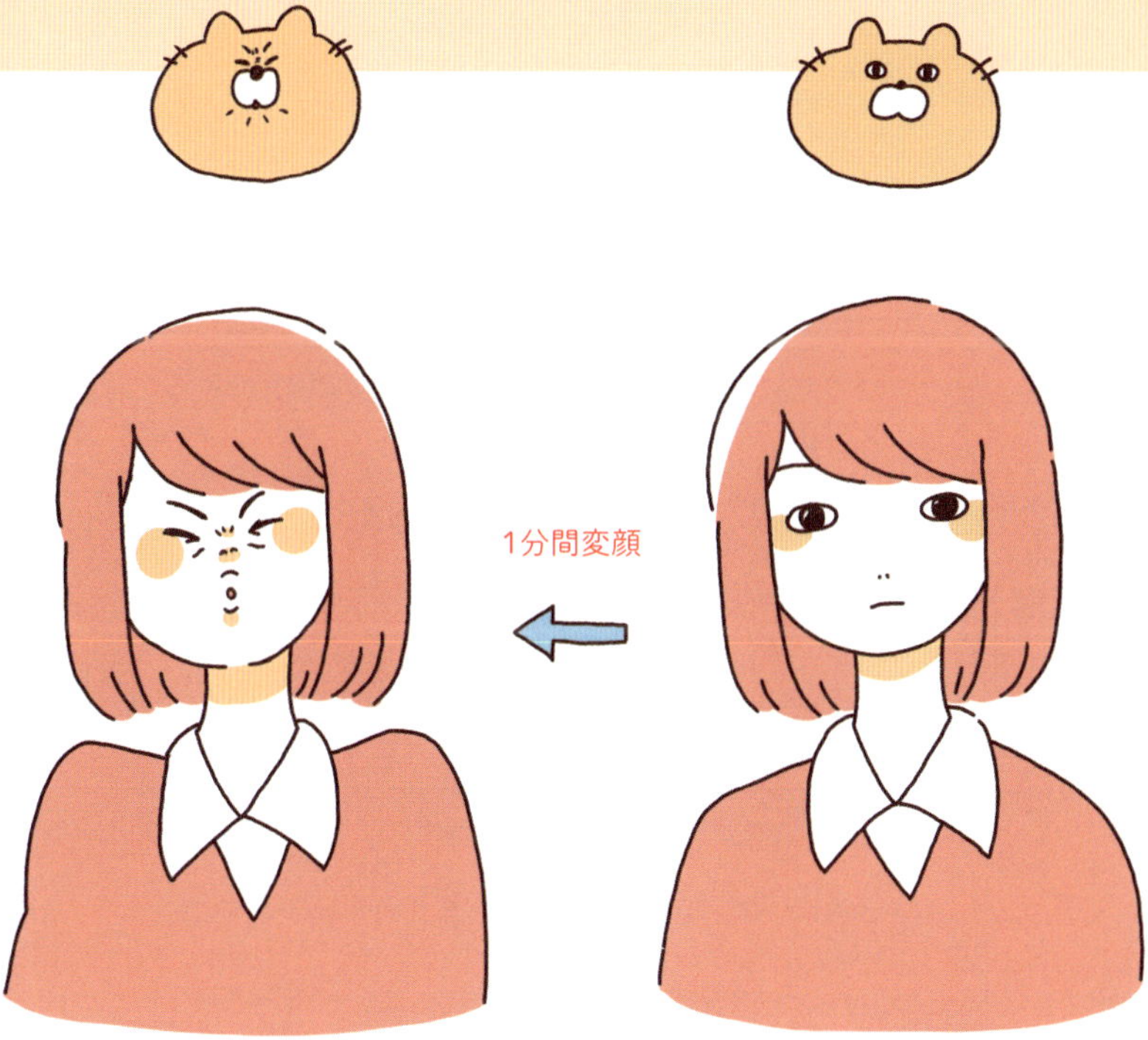

方法

自分ができる最大限の変顔を1分間続けてみましょう。顔の緊張がほぐれます。

自分の好きなように、顔を大きく動かすことがポイントです。

面白い動画や変顔をしている人の動画などを見て、思いっきり笑ってみたり、一緒に真似してやってみてもいいでしょう。シンプルですが、効果抜群の方法です。

ケース

07

滑舌をもっとよくしたい人のための！

アウアウ体操

滑舌が悪くなる原因の1つに「身体のバランスの悪さ」があげられます。あごが前にスライドして出ている状態が続くと、体重が後ろにかかり、後ろに倒れないようにするために、無意識にあごで身体のバランスを取ろうとして、あご周りや喉の周辺の筋肉に緊張を生み出します。それが滑舌の良し悪しに影響を与えてしまうのです。

ここではあごのバランスを整えるトレーニング法をお教えします。

方法

まず、両耳の後ろのくぼみに両手中指を添えます。（右耳には右手。左耳には左手）。

中指を上に突き上げるようにしながら、顔を押し上げ真上を見ます。

上を向いてしゃべる感じで「アウアウ」と10秒ほど発声します。

指を添えたまま、真正面まであごを引いて元の位置に顔を戻します。

指を外して、その状態でまた「アウアウ」と発声してみてください。

あごの力が抜け、同時に舌の緊張も解けるので、正しい位置に舌が動き滑舌力はアップします。

特にパソコン仕事を1日中行っている方など前かがみで作業を行う動作のある方は、一度ためしていただくと、滑舌力がUPするのを実感できますよ。

ケース
08

声がかれている時、喉が痛い時の応急処置！

AKB発声法

声がかれている時、喉が痛い時には、無理に発声しないことが一番です。それでも急なプレゼンや大切なスピーチがあるなど、休めない時の応急処置法があります。それが「AKB（あくび）発声法」です。

この発声法を行うことで、喉にあまり負担をかけずに、喉が開いた感覚で話ができるようになります。

「喉が開く」というのは、咽頭が下がる現象をいいますが、イマイチよくわからないですよね。あくびをしている状態がその現象に近いのです。

方法

①あくびをしながら、「ふあ〜あ〜」と声を出してみましょう。3回行います。

あくびの感覚は暖かい息を吐きかけて覚える。

2

あくびの感覚がよくわからない人は、両手のひらに、暖かい息を、超勢いよく「はーーーー！」っと吐きかけてみて、その感覚を覚えましょう。

②次に、あくびをするイメージで、次の文章を声に出して読んでみましょう。

おはようございます
ありがとうございます
お疲れ様でした

これをあくび度100％で読んでみましょう。次にあくび度50％のイメージで、その次は10％とあくび度数を減らしていって読んでみます。喉に力が入らないから、負担をかけずに話すことができて、その日を乗り切ることができるはず。でも痛めている時は、無理しないで、休むこと最優先に。

ケース
09

歌で高音を出す！

フォーフォー フクロウ発声法

高音で歌を歌ってみたい人へのとっておきの方法があります。高音を出す際に必要な筋肉を鍛えるトレーニング法です。それが、フクロウの鳴き声「フォーフォー」の鳴き真似をするというもの。高い声が出しやすくなります。

方法

①歌声に近い声で「フォー」とまずは小さな声を出してみましょう。声を出す直前に鼻から空気をすっと取り込んで、取り込んだ空気をすぐに口から吐き出すイメージで声を出すのがコツ。

②次に1回2秒かけて「フォー」、「フォー」、「フォー」と3回声を出してみましょう。

①と同じく呼吸を忘れないように。

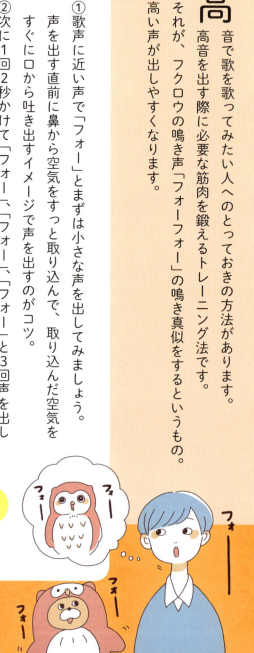

③②のエクササイズを3セットおこないましょう。
ポイントは裏声に近い自分で出せる一番高い声を出すことです。

裏声に近い声を出す際には、頭蓋骨のてっぺんに音をぶつけるイメージで発声しましょう。

また、これらのトレーニングを行う上で大切なのが、重心です。

高い声のトレーニングだからといって、重心が喉や首に上がってしまっては、いけません。喉が閉まった状態になります。

そのために足裏でしっかり地面に立っている感覚を持つこと。「ケース03」のペットボトルマンの感覚を忘れずに。

カラオケで、今まで高音で苦しんでいた曲も、いつの間にか楽に歌えている自分にびっくりすること間違いなしです。

ケース 10

あいうえおメソッド

店員さんへの「すみませーん」をきっちり届ける!

騒がしい居酒屋さんで注文を頼みたくて「すみませーーーん」と何度店員さんを呼んでも、周りのざわざわした騒音にかき消され、ぜんぜん来てくれなかった経験ありませんか?

来てもらえないとイラッと来たり、呼ぶのを諦めてしまったり。

逆にそれほど大きな声じゃなくても、一発で店員さんに気づいてもらえる人もいますよね。声が相手にしっかりと届かないのは、音量だけの問題ではありません。

言葉が周りの音にかき消されてしまう人は、「音つぶれ」が原因です。

「すみません」→「さーせーん」、「おはようございます」という言葉が、「おはよござす」という風に相手には聞こえてしまいます。

一音一音の音が粒立っていないので、雑音として相手の脳は認知し、意味をキャッチしてくれないのです。相手に届く声をしている人は、1つ1つの言葉の輪郭がはっきりしている人なのです。

はっきり輪郭のある言葉を身につける練習法としては、母音だけで話してみる「あいうえおメソッド」がオススメ。

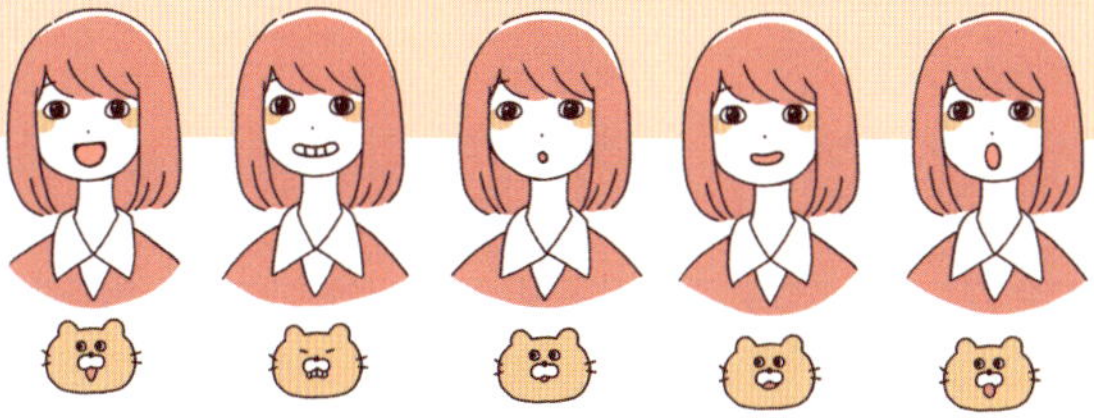

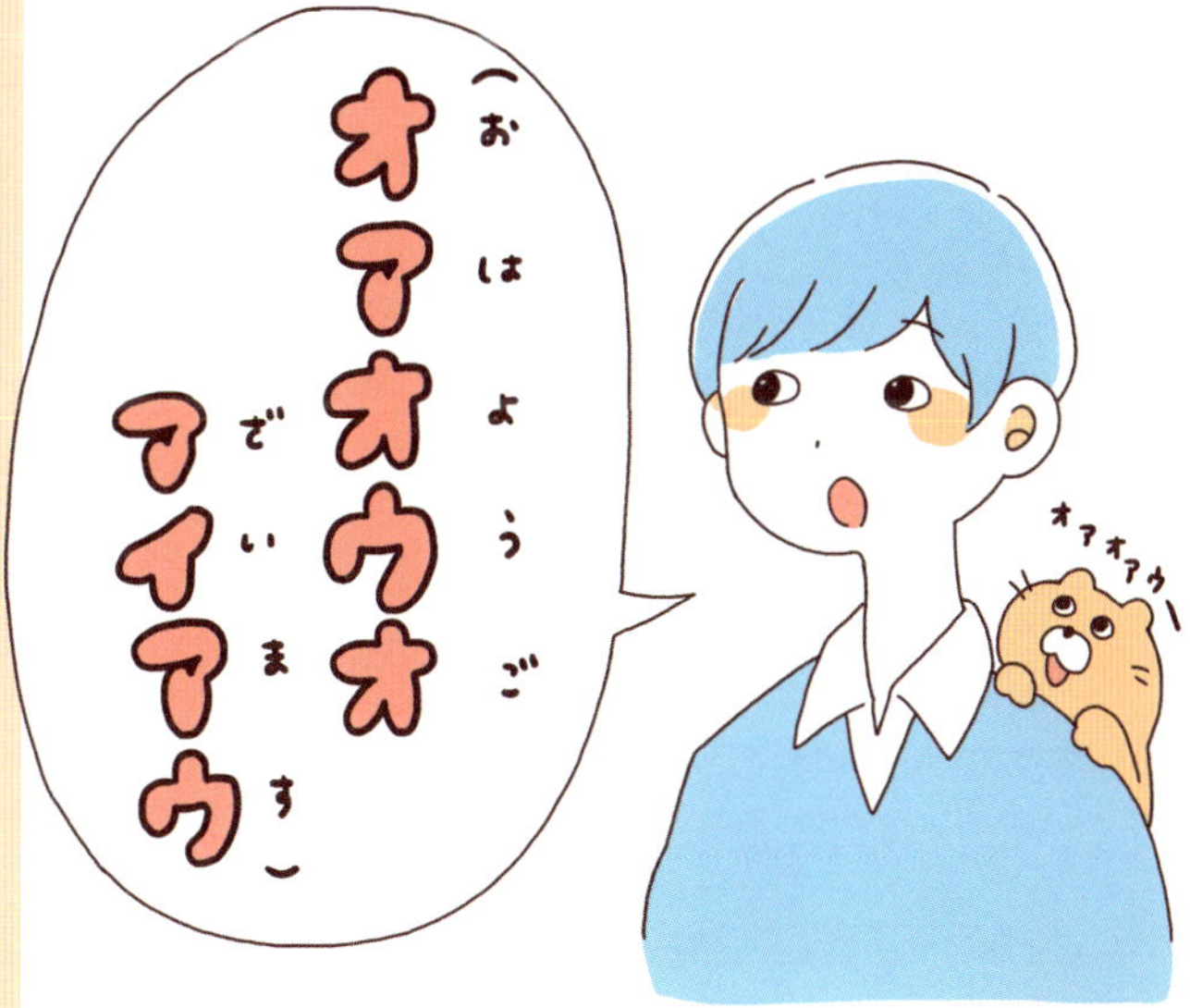

方法

「すみません」なら「う・い・あ・え・ん」、「おはようございます」なら、「お・あ・お・う・お・あ・い・あ・う」と3回ほど発音してから、「すみません」「おはようございます」と発音してみましょう。

最初に比べて、はっきりと話すことができていませんか。

この練習は自然に早口防止にもなりますよ。

第5章

声にいい習慣

普段からできる「声にいいこと」を教えていくよ。
たとえば…カラオケの時に、どんな飲み物飲んでいますか？
はーい！
炭酸ジュースとか飲むと歌いにくいですよね。
だから、だいたいウーロン茶飲んでるなあ…。
ちゅー
うーん、それはいけないねえ。
そーなんですか⁉

詳しくはこれから説明するけど、
食べ物、
飲み物にも、
声にいいもの、
悪いものがきちんとあるから、気をつけてね。
水
MILK
日々できるストレッチからツボ押しまで…
おねがいします!
声にいい情報をたーっぷり教えていくよ!

声にいい飲み物

声は声帯がぶつかり合うことによって生まれます。

声を出すと、声帯が忙しく動き、ぶつかり合うので、私たちが思っている以上に、喉は渇きやすく、常に水分を欲しているのです。ですから、飲み物は非常に重要です。では、どんな飲み物がいいのか見ていきましょう。

常温の水・白湯

なぜ常温かというと、**冷たすぎる水は、喉全体を冷やして筋肉が硬くなり、声が出づらくなる**からです。また極端に熱すぎる飲み物も、声帯を乾燥させてしまいます。

常温のお水、白湯がベストです。

ハーブティー

炎症を抑えたり、咳を鎮める、ウィルスの繁殖を抑えるなどの効果があるのがハーブティーです。いくつか種類があるのでお好みで選びましょう。

風邪による喉の痛みにいいのがユーカリです。

ユーカリは鼻、喉など呼吸器系の炎症を抑えて、喉や鼻をスッキリしてくれます。

声にいい食べ物

声にいい食べ物としての代表例をいくつかあげてみましょう。喉を痛めた時に活用できるだけでなく、普段から声をケアしたい方にオススメの食べ物をご紹介します。

はちみつ

はちみつは、ハーブティーに入れたり、はちみつをそのままなめるだけでもＯＫ。**喉の炎症を抑える効果があります。**

私自身、風邪を引きやすかったのですが、毎日スプーン1杯、はちみつを摂取するようになってから、**風邪を引く回数がぐっと減りました。**身体の免疫力を高めてくれて、風邪を引きにくい身体にしてくれると感じています。

ネギ

殺菌効果、免疫力を高める香り成分「アリシン」が含まれています。

喉に巻くといいという話もありますが、香り成分が口や鼻から吸引されて、効果を高めるそうです。

もちろん食べてもオッケーです。私は風邪を引いた時は、おじやにたっぷり刻んだ長ネギを入れて食べるようにしています。

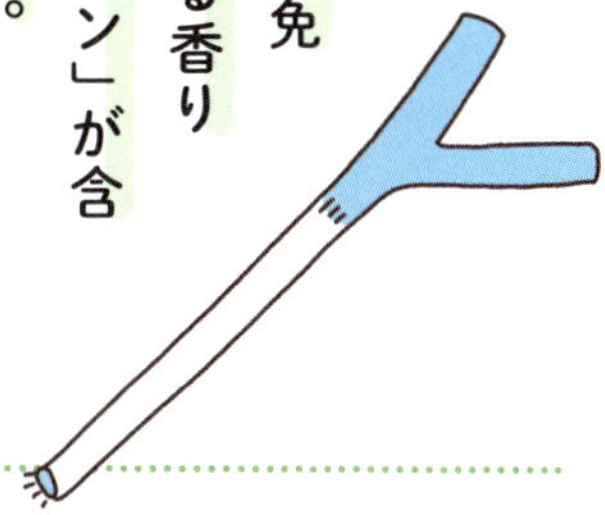

生姜

成分の「ジンゲロール」「ショウガオール」が殺菌効果を高め、血行をよくしてくれます。刺激が強いと感じる人は、ハーブティーなどに生姜を入れて飲むのもいいでしょう。

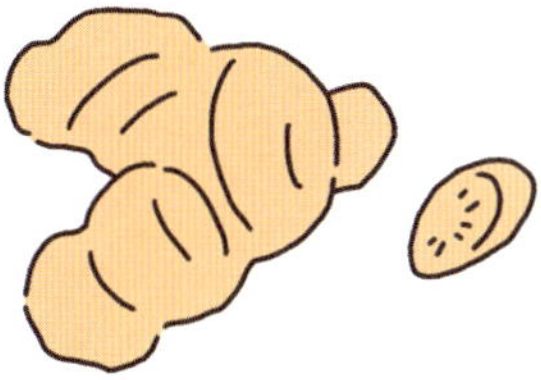

声に悪い飲み物 ×

何気なく摂取しているものの中に、声に悪影響のある飲み物や食べ物がいくつかあります。特にプレゼンのある日や、カラオケに行く時など、声を使う場面では極力、控えるようにしましょう。

ウーロン茶

飲むと喉の潤滑成分を洗い流してしまいます。

その結果、喉を乾燥させてしまいます。歓送迎会の二次会のカラオケでウーロン茶を飲みながら大声でカラオケというのは、喉のためにもオススメはしません。

コーラなど刺激が強い飲み物

炭酸の刺激は美味しく感じられるかもしれませんが、**喉を痛めている時は刺激を与えて治りを遅くするのでNG。**また糖度が高い飲み物は喉にNGです。

過度のアルコール

アルコールは少量ならば問題ありませんが、**アルコールを摂取することで、身体は脱水気味になり、喉が乾燥しやすくなるのが問題です。**

こまめな水分補給が大切ですが、飲み会の席や二次会のカラオケの席などでは、アルコールがすすむと、つい水分補給を忘れがち。気が緩んで、大声で話したり、必要以上の高いキーで喉声で歌ってしまったりするのも、喉にはよくありません。

声に悪い食べ物 ×

辛い物・刺激物

喉が痛む時に避けた方がよい食べ物は刺激物です。

唐辛子や辛子、わさび、マスタードなどの香辛料は避けましょう。

特に、炎症で喉が痛いと感じている時には、**刺激物は喉に負担をかけ、炎症をひどくしてしまう可能性があります。**

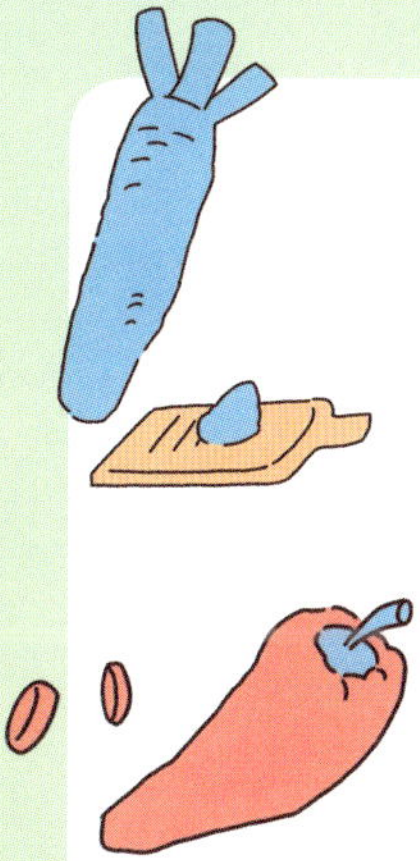

塩分・糖分の多い物、乾燥系クッキーなど

また塩分が多い食べ物も喉の乾燥を引き起こします。

大切なプレゼンの前などは、糖分の強いものも避けた方がいいでしょう。喉に糖分が張り付き、ベタベタ感を引き起こして話しにくくなります。

喉の水分をうばってしまう乾燥系のクッキーなどもオススメはしません。

アレルギーを持っている人の中には、メロンやスイカで、喉のイガイガ感を感じる人もいます。

自身の体調に合わせて、食べ物に気を遣ってみましょう。

ここまで声にいい飲み物、食べ物、声に悪い飲み物、食べ物をご紹介してきました。食事や飲み物に気を遣っていても、喉の痛みや、声の出しにくさが慢性的に続く場合は、病院へ行き早急に受診するようにしましょう。

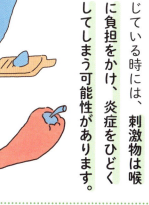

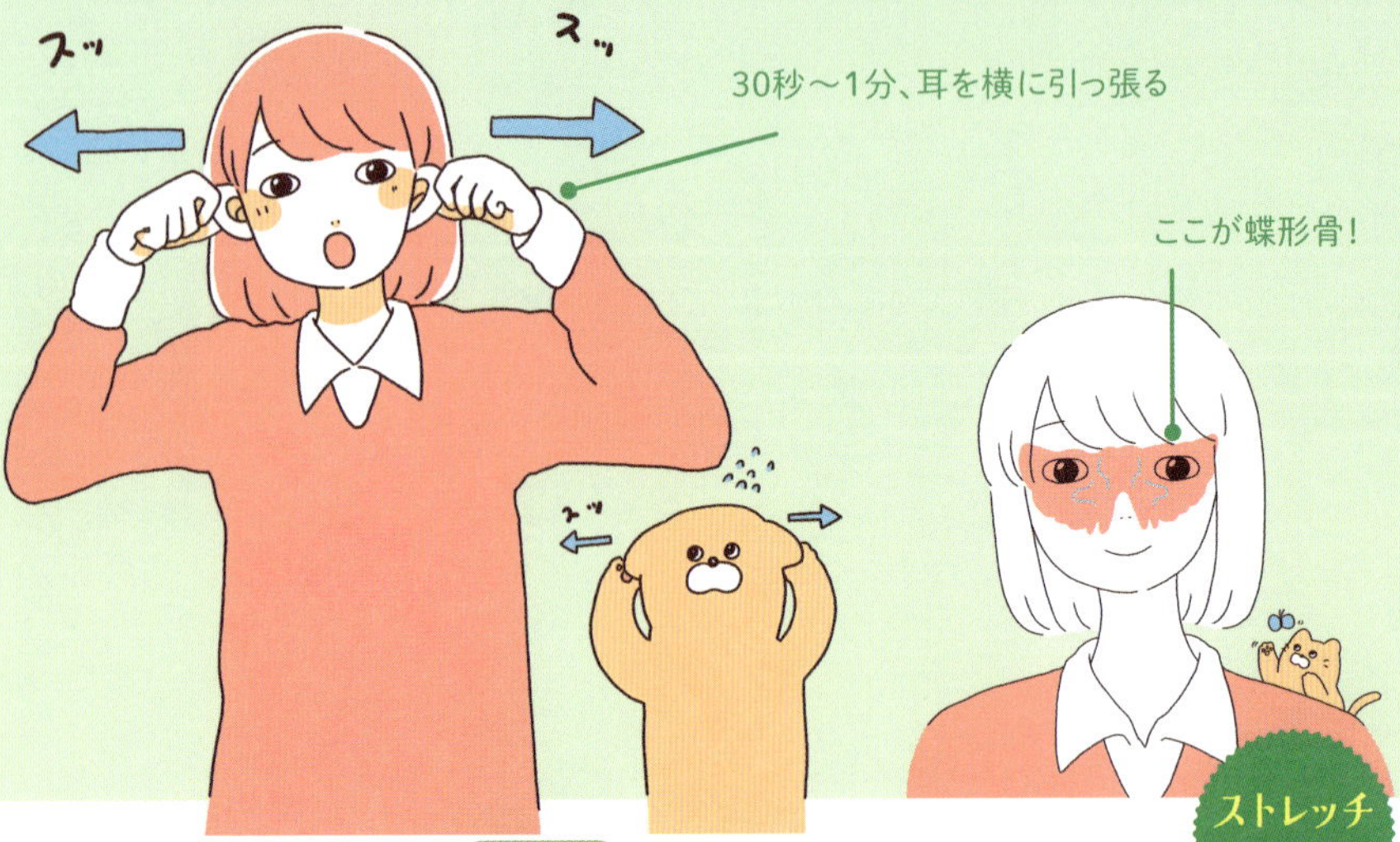

ストレッチ 1

耳引っ張りストレッチ

呼吸が浅い、鼻声、などの悩みを解消するのが「耳引っ張りストレッチ」です。声を発する際に重要な役割を担うのが頭蓋骨の1つである蝶形骨。蝶が羽を広げたような形をしている骨です。蝶形骨を緩ませるワークを行うことで鼻の通りがよくなり、呼吸が楽になって声が出るようになります。

方法

蝶形骨を緩ませる方法、それは指で耳を横に軽く引っ張るだけ。耳と頭蓋骨の間に2~3ミリ隙間ができる程度の強さで結構です。

注意点は強く引っ張りすぎないこと。

30秒~1分程度、時間を見つけて行うと良いでしょう。

プレゼンなどの本番直前にやると即効性があります。

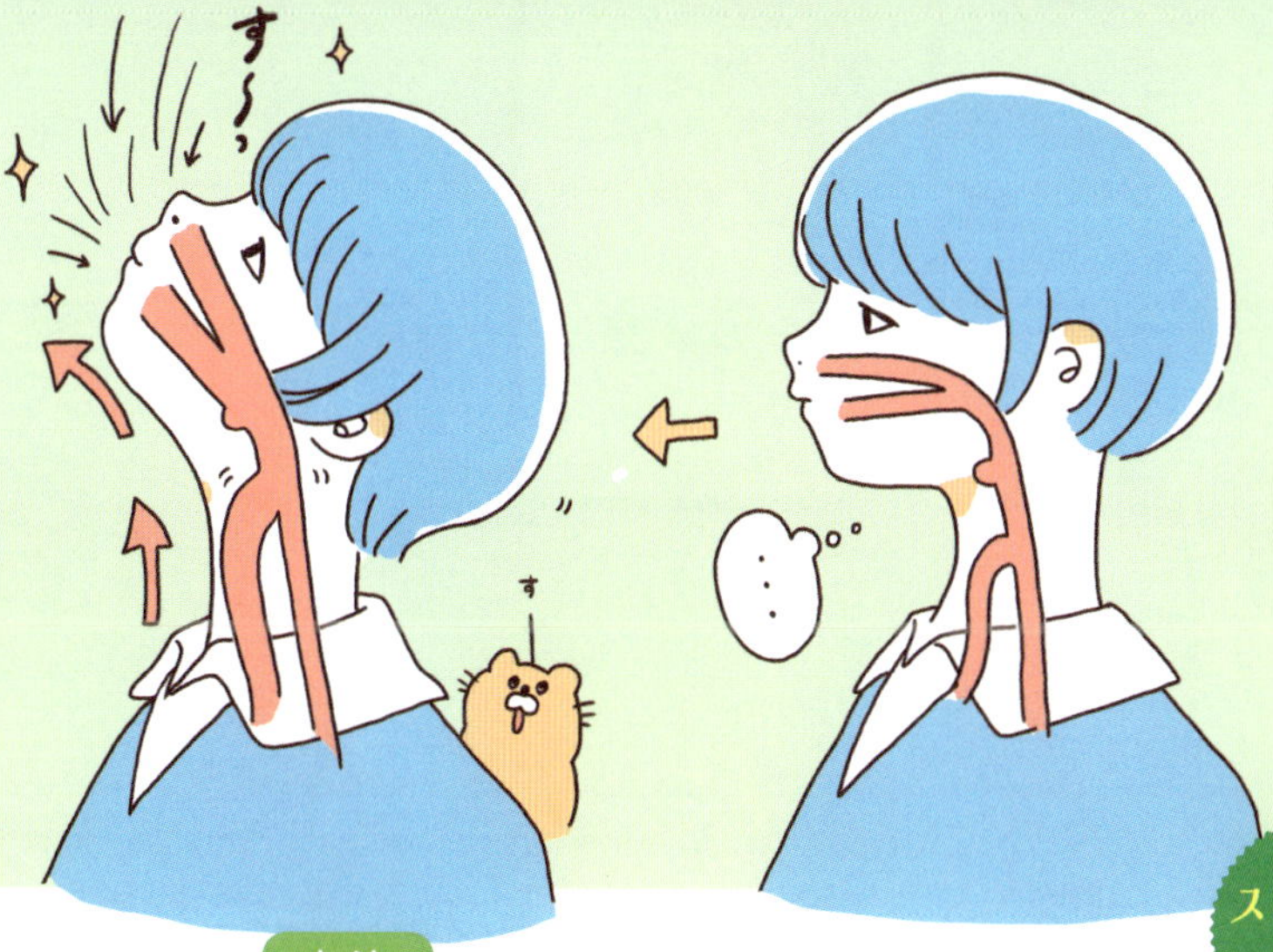

ストレッチ
2

気道オープンストレッチ

首の前側・両脇にある大きな筋肉「胸鎖乳突筋」の役割は肺を動かすこと。

自律神経（副交感神経）と関係する「迷走神経」とも関係性が深く、胸鎖乳突筋をほぐすことで、呼吸が楽になり、心と体のリラックスへと導きます。

心身のリラックスがあってこそ、落ち着いた声で話せるきっかけにもなります。

方法

真上を向いて喉の前の筋肉を伸ばしながら、呼吸を繰り返します。その際に、鼻から息を吸いながら、吸った息が、胸の前、背中、脇腹、肩上まで外に外に広がっていくのをイメージをしながら、呼吸を繰り返しましょう。30秒〜1分程度でOKです。

マッサージ 1

鎖骨リラックスマッサージ

呼吸が浅くなって、上ずった声になってしまう人に効果的なマッサージです。肺は鎖骨の上まであります。鎖骨をほぐして動きがよくなると、肺の働きがよくなり深い呼吸ができるようになります。簡単なので、習慣化して行うことをオススメします。

方法

①片方の肩を軽く引き上げて鎖骨を浮かせます。
②鎖骨の上にできたくぼみに、人差し指、中指、薬指の3本の指を入れます。
少しビリビリというリンパの感覚を感じると思います。

その状態をキープして、呼吸を5回繰り返します。

吸った時に鎖骨が上に上がってくる感覚を感じ、吐く時に鎖骨が下に降りていくのを感じてください。

上げ下げ1セット3秒で鼻から吸って、10秒かけて口から吐くイメージです。

マッサージ 2

耳下腺マッサージ

人前に立って話す時に、口の中がカラカラになってしまって、噛んでしまった経験はありませんか？

口の中の乾燥も、滑舌の悪さを引き起こします。

口の中が適度に潤っている方が、舌の滑りが良くなって、文字通り滑舌がよくなるのです。耳下腺マッサージは口の中を潤すための、唾液の分泌量をアップする方法です。

方法

①人差し指、中指、薬指の3本で耳の前の部分

②奥歯を噛むと盛り上がる筋肉の周辺を、後ろから前にマッサージします。

ゆっくりと行うことがポイントです。痛気持ちいい程度の強さでおこなってください。1回1分程度で構いません。

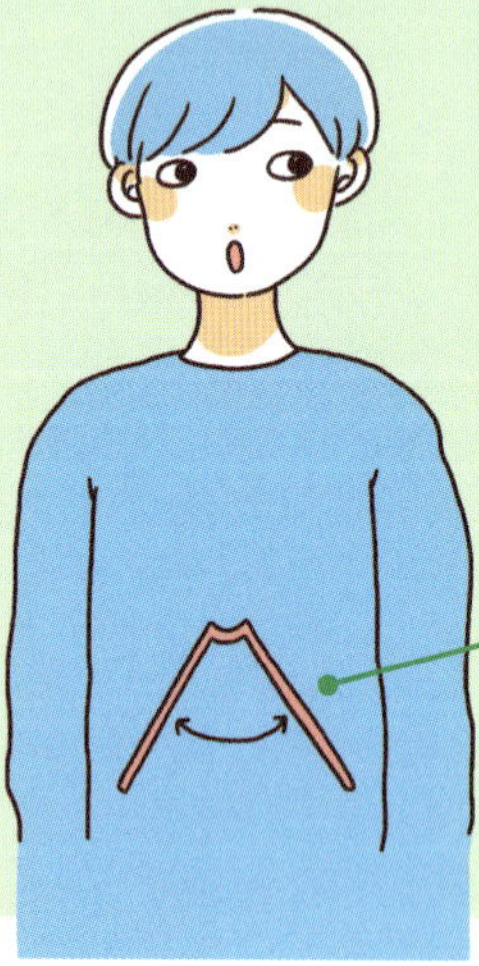

マッサージ 3

横隔膜マッサージ

大きな声が出せない人は、みぞおち辺りの筋肉がカチカチにかたまっていることが多いです。

基本的な発声機能である、息を吸ったり、吐いたりする機能が低下しているのです。その原因として、大きな声で話す機会がなかった、話すことに対しての不安や、緊張が考えられます。逆に赤ちゃんの方が、ストレスがない分、考えられないくらいの大声で泣いたりしますね。あれは横隔膜をうまく使えているからです。でも大丈夫！　マッサージをしてほぐしてあげることで、楽に呼吸ができて、声を出しやすくなります。

方法

肋骨の下辺りを上から両手で軽く押さえて、咳をして動く場所が横隔膜です。肋骨のなかに指を滑り込ませるイメージで、横隔膜をグリグリと痛くない程度にゆっくりと押し回します。30秒ほどでOK。

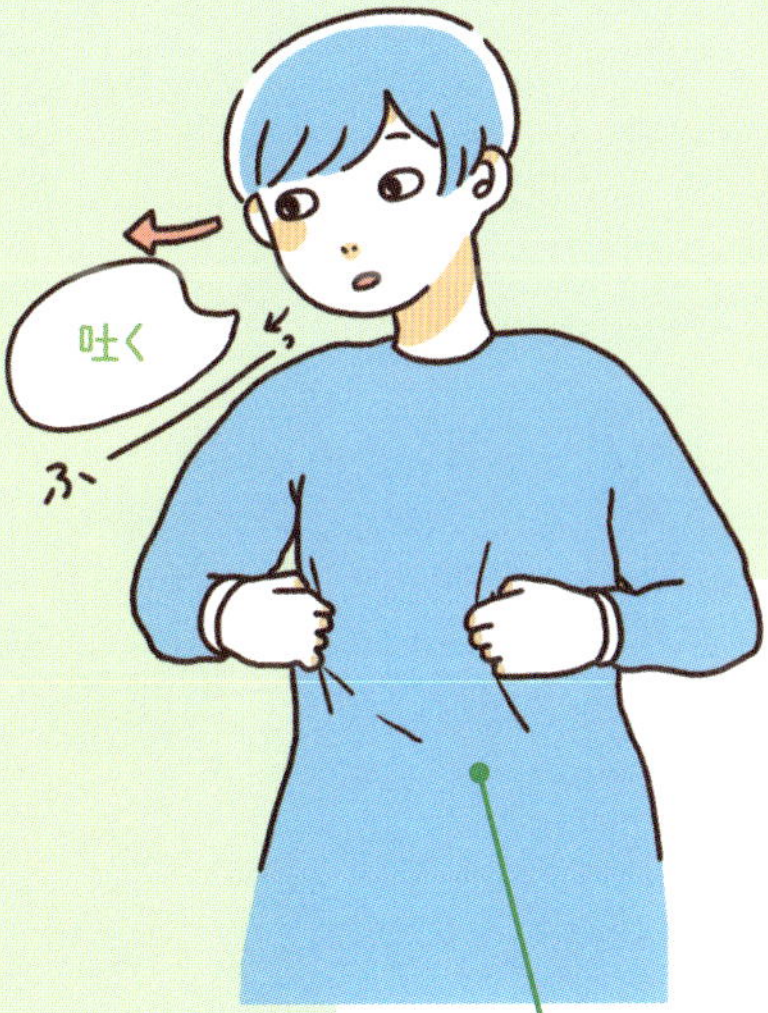

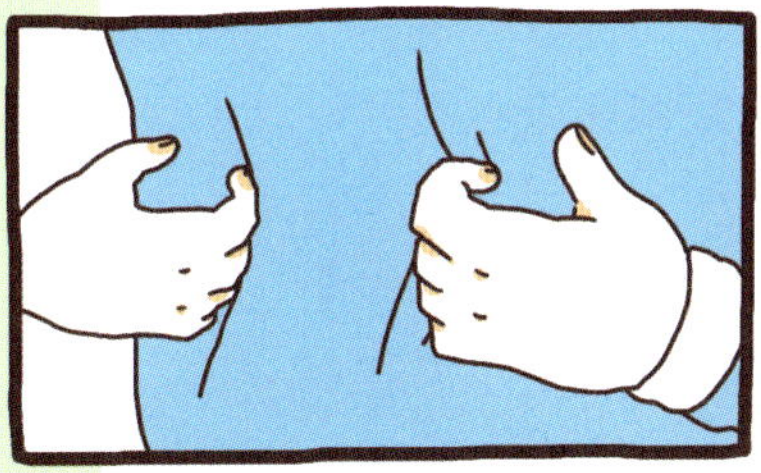

その後、少し猫背気味からスタートして、背中を丸め、肋骨の下の部分に人差し指・中指・薬指の３本の指をグッと押し込み、肋骨をつまみ、息を吸う、吐き切るを繰り返しましょう。

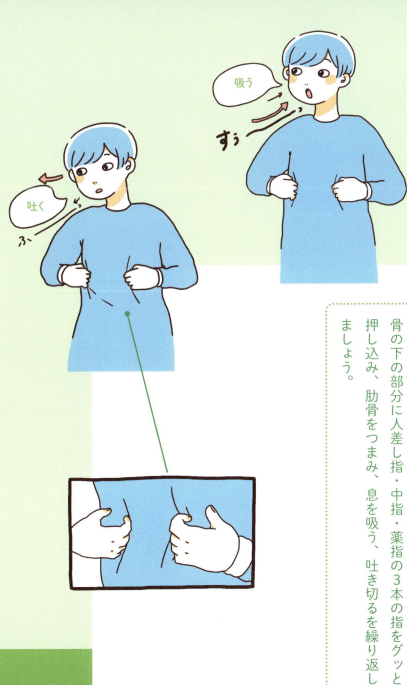

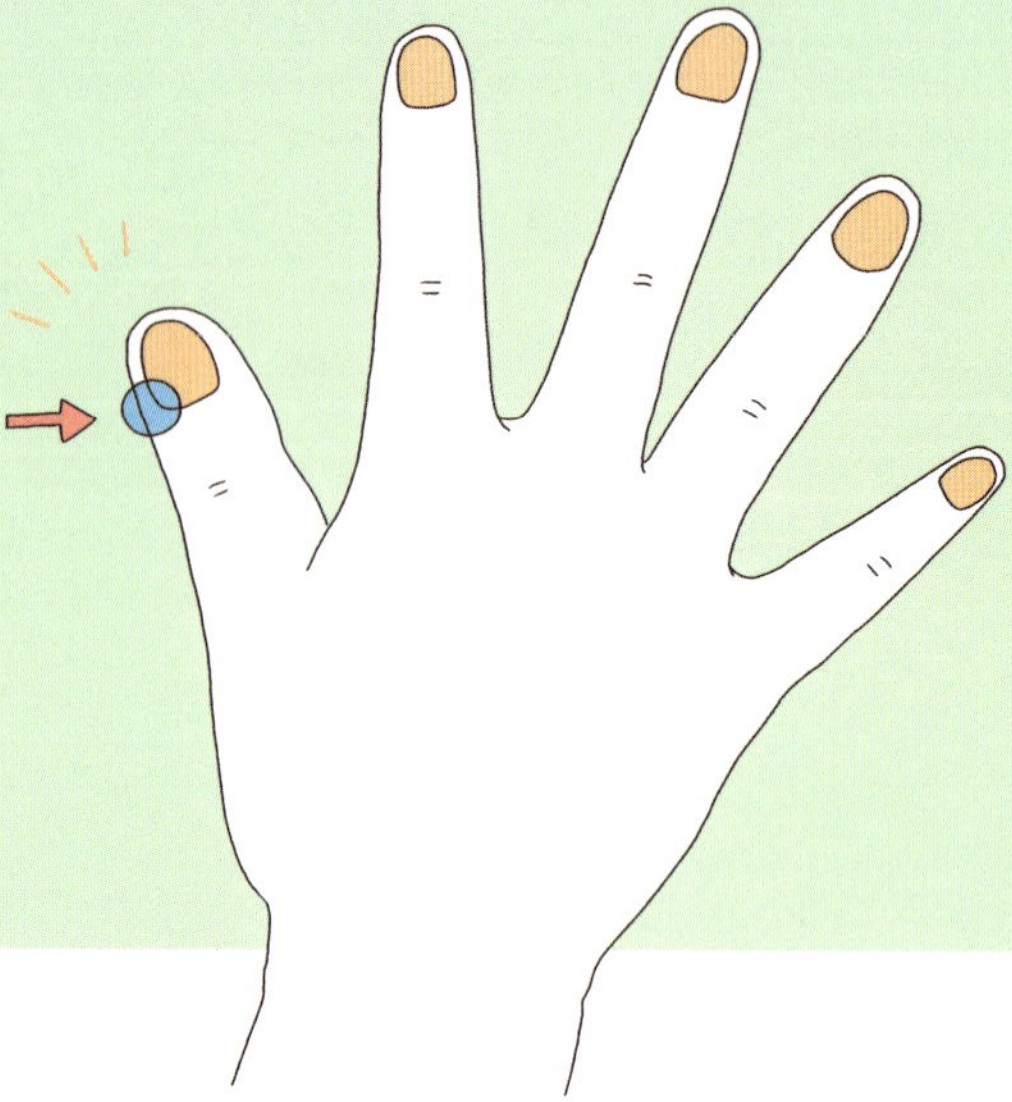

ツボ
1

少商のツボ

これらはプロの歌手の方や、アナウンサーさんにお教えして効果を実感いただいている方法です。

喉の痛みや腫れ、声がれに効くのが少商のツボです。

声のケア＝身体のケアといっても過言ではありません。

手軽にできる身体のケアとして、プロの方も重宝しています。

方法

場所……手の親指の爪の付け根の外側にあります。

押し方…親指と人差し指でつまんで揉んでみましょう。気持ちいい強さで結構です。

効果……喉の痛み、咳を鎮め、喉の粘膜を潤す働きがあります。

ツボ
2

水突のツボ

私は、声の調子を整えたい時には必ずここをつまんで刺激しています。

方法

場所……喉仏の少し下、中心から指2本外側です。

押し方…軽く押すというより、つまんで上げるイメージで刺激をしましょう。スーッと息を吐きながら優しくマッサージします。

効果……喉のつかえた感覚、喉の痛み、腫れ、咳、声がれに効果があります。

服の色を変えてみる

自分が着る服の色によって、相手に与える印象は変わります。同時に、その服を着る人の、感情や気分にも大きな影響を与えます。

例えば、感情や気分が上向きになる服を着れば、明るい声やエネルギーのある声が出しやすくなります。

ここでは、色によって声に変化を与える方法をお伝えします。

赤色の服の効果

赤い服は、相手にエネルギッシュさをアピールできます。

活発さ、やる気、外向性、社交性なども他人にメッセージとして送ることができます。おとなし目の印象を相手に与えてしまう人は試してみて下さい。自分自身も積極的な話し方に自然に変化するのを感じるはずです。

青・紺色の服の効果

青色の服は爽やかさを演出したい時、仕事で信用を得たい時に適した色です。礼儀正しさ、インテリジェンス、折り目正しい人、落ち着き感、冷静さという印象を相手に与えてくれます。

自分の話し方も、落ち着き感のある話し方や声に導いてもらえるでしょう。

黄色の服の効果

黄色い服は、コミュニケーションを広げたい時にオススメです。

自分と相手との間の垣根を取り除いてくれます。自然と自分の気持ちが明るくなるのを感じるでしょう。生き生きと表情豊かに話せる自分に気づくはずです。

皆さんもこれまでのレッスンで声を変えたら、この後は、ちょっぴり冒険したファッションにチャレンジしてみることをオススメします。新しい世界が待ち構えていますよ。

録音・録画のススメ

自分の本当の声を知る

自分の声を録音して聞いてみたところ、「全然ちがう！」「ショック！」と思ったことありませんか？

その結果、自分の声が嫌いだと思い始めた人も多いかもしれませんね。「録音した声」と「自分で聞こえる声」は違います。

他人が聞いている自分の声は「録音した声」であるということをまずは知っておきましょう。

普段私たちが聞いている自分の声は、「骨伝導」であごの骨を伝わって体内から響いて届く音と、口から発した音を耳でとらえた「外から聞こえる音」のブレンドした音です。対して、録音した声は、口から空気中に出た音が耳に入ってきて聞こえる音です。普段、聞いている自分の声とは違って当然なのです。

下のイラストのように普段の声は、録音機器がなくても手を使い、聞き取ることもできますよ。

自分が話している動画を撮る

自分の声が好きになり、声がよくなる方法が1つあります。それは『自分が話している動画』を撮ること。携帯電話などで録画して、自分の声を聞き、声の通りや、こもり具合、滑舌、音量、姿勢や口の開け方などを客観的にチェックしてみましょう。

私のレッスンでは、生徒さんの声を録音・録画して何十回とそれを聞き、見てもらいます。録音や録画は大事だと、頭ではわかっていても自分一人だと億劫になってなかなかチャレンジしない人が多いのです。最初は、自分の声を聞いて、ショックを受ける人が多いのですが、何十回も録音し、聞き直しを繰り返していくうちに、レッスンが進んで、**声がよくなっていくにつれて、だんだんと自分の声が好きになっていく**のです。

次のページにある「声の自撮りチェックシート」の使い方を読んで、チェックシートに記入してみましょう。

手のひらで声を寄せ集める。

片方の手を口元に当て、手のひらを耳の方へ傾けて声を送ります。もう片方の手を耳の後ろに壁を作るように当て、声を逃がさないようにしてみてください。

「声の自撮りチェックシート」の使い方

イラストのイメージで自分が話しているところを30秒〜1分間録画してみましょう。フリーで話しても結構ですし、自己紹介などでも結構です。

録画したら、「声の自撮りチェックシート」で自分の声をチェックしてみましょう。同時によかったところ、改善点も記入してみましょう。

2回目の録画では「声の自撮りチェックシート」に書いた、改善点を意識して、再チャレンジ。ビフォーとアフターを比較するために、1回目と同じ題材で録画しましょう。

録画したアフターの動画を見てみましょう。1回目の録画後「声の自撮りチェックシート」に書いた改善点が改善されているかチェックしましょう。

繰り返すことで自分の理想の声に近づいてきます。

声の自撮りチェックシート

1.声の大きさ(音量)						
小さくて 聞き取りにくい	1	2	3	4	5	大きくて 聞き取りやすい
2.ハキハキさ(明瞭さ)						
不明瞭でわかりにくい	1	2	3	4	5	通る声で話せている、 はっきりと明瞭である
3.スピードの適切さ						
早口・ゆっくりすぎる	1	2	3	4	5	聞きやすいスピードで 話している
4.抑揚・メリハリ						
メリハリがない	1	2	3	4	5	抑揚があって、 話にメリハリがある
5.姿勢・身体の落ち着き						
猫背、 左右に揺れている	1	2	3	4	5	見ていて気持ちいい 姿勢、堂々としている
6.表情						
無表情・怖そう・緊張	1	2	3	4	5	笑顔・好印象・ 好感が持てる
7.間の取り方						
間がない・ 焦っているように見える	1	2	3	4	5	間をうまく使っている

よかったところ

改善点

はじめにから
2週間後…
2人は
ボイトレを続け…
みるみる
変化して
いきました!!

この本を読んでいる
あなたへ！
実は、
声は第一印象の
〝4割を決めている〟
と言われています。
驚くほど
声がよく
瞬間声
トレ

ということは、声によって、
その人となりの多くを判断されているということです！
人生で損をしてしまわないためにも、
コンプレックス
ボイトレ
「声」は非常に重要です。
かつて、ささやき司君と呼ばれ、声にコンプレックスのあった
僕でも変われました。
そして、数多くの方がボイトレによって、
人生が変わる瞬間を目にしました。

たとえば…
苦手だった面接が得意になり、第一志望の会社に就職！
パチ
パチ
パチ
パチ
自分に自信がつき、好きだった人に告白して見事成功！
引っ込み思案が治り、趣味のイベント・飲み会を主催するように！
コミュニケーション自体が好きになり、色んな人と気負いなく話せるように！
などなど…このように僕の元には、
たくさんの素敵なご報告が届いています…！

くるっ
次は、
あなたの番です！
ボイトレ
ボイトレ
Thank you!

最短で
ゴールを
目指して
いきましょよ

レッツ瞬間声トレ！

あとがき

本書をお読みいただき、ありがとうございます。

私は、目の前の相手とどのような関係を築けるかは〝声〟次第だと思っています。相手や状況に合わせた「声選び」こそが、あなたと相手との間を良好なものにしてくれます。

「ありがとう」の言葉ひとつとってみても、明るい声で伝えるのと、ボソボソ伝えるのとでは、伝えたあとの、相手の心の中に残るものは全くちがってきます。何気なく発した声ひとつで、相手の気持ちを一瞬で変えることができるのです。

一方で、文章は書いた後で見直したり、一晩寝かせたりすることができますが、声はそれができません。不用意な発言で、相手からの反応が、意図するものと違っていたらどうしよう、怒られたらどうしようと思い込みすぎて、恐る恐る声を出

して、声がこもったり、声が小さくなってしまう人が多いと感じます。

そんな不安を少しでもなくし、自分の声が好きになってもらえたらという思いから、本書を書きました。

ボイトレをおこなうと、声の自由度、精度、感性をあげることができます。

ボイトレはあなたが本来もっている優しさ、誠実さ、素直さ、情熱…など、あなたの長所や、あなたらしさを引き出してくれます。

声が原因で、あなたがもつ長所を表現できなかったとしたら、それはとてももったいないことです。声は、使うことによって、ますます磨かれていきます。

声が、あなたと目の前の相手をつなぐ、ブリッジ（かけ橋）となり、皆さんの人生に、これまでとは違った出会いや、チャンスが訪れることを願ってます。

感謝を込めて

司拓也

著者　**司　拓也**（つかさ・たくや）

声と話し方の学校「ボイス・オブ・フロンティア」代表
「人の目が気になってビビる」「あがり症で声が出ない」「自分に自信がない」などの悩みを、超短期間で改善するボイトレ＆話し方メソッドを開発。活動歴は10年。一般の方から、トップ俳優、人気声優、現役アナウンサー、就活生など5000人以上を指導。企業研修も多数おこなう。その活動は「ニュースウォッチ9」（NHK）、読売新聞などで取り上げられる。著書に『超一流の人が秘密にしたがる「声と話し方の教科書」』（光文社）、『人前であがらず話せる「1分声トレ」』（世界文化社）などがある。

声と話し方の学校「ボイス・オブ・フロンティア」
https://tsukasataku.com
tsukasamail1@gmail.com

提携校：アマートムジカ

漫画・イラスト　**伊豆見香苗**（いずみ・かなえ）

1993年沖縄生まれ。アニメーション、イラストレーション、漫画など幅広く活動中。
ライフワークとして1日1個GIFアニメを製作しTwitter上に投稿している。
LINEスタンプ『えっぴっ』が「動くLINEスタンプ部門」で月間ダウンロード数1位になるなど、10代、20代を中心に絶大な人気を誇る。

Twitter　@mistttt874　　**HP**　https://www.izumikanae.com/

驚《おどろ》くほど声《こえ》がよくなる！　瞬《しゅん》間《かん》声《こえ》トレ

2019年5月5日　第1刷発行

著　者……………………司《つかさ》 拓也《たくや》
発行者……………………佐藤 靖
発行所……………………大和《だいわ》書房
〒112-0014　東京都文京区関口1-33-4
電話　03(3203)4511
漫画・イラスト……伊豆見 香苗
デザイン・DTP……三森健太（JUNGLE）
本文印刷……………光邦
カバー印刷…………歩プロセス
製本所……………………ナショナル製本
編集担当…………………大野洋平

ISBN978-4-479-78467-8

http://www.daiwashobo.co.jp

VOICE

おはようございます
GOAL!
START
のどが開いてきれいで明るい声に!
フォー
フォー
フォー
フォー
フォーーー
アウ
アウ
アウ
アウ
アウ
アウ

おはようございます
GOAL!
START